방장의

노래

어느 방장이 부른 임마누엘의 노래

방장의
노래

노길상 **지음**

코람데오

세월이 가면서 기억은 흐릿해진다. 살아온 이야기를 쓴다는 것은 더 그렇다. 먼 훗날 남는 것은 내가 1956년생이고 부산 출신, 보건복지부 공무원, 영국 박사, 장로…… 이런 겉모습이 될 것이다. 그러나 그것은 나의 삶, 우리 가족, 이웃들이 살아온 나날의 실체와는 너무 동떨어진 피상적인 숫자에 불과하다.

하나님의 손길과 인도하심, 우리 가족에게 베푸신 은혜와 사랑, 주님의 도우심, 이런 일들은 세월이 갈수록 더 빨리 희미해진다. 어제 일같이 생생한 기억도 자주 잊고 지내는데, 하물며 하나님의 살아계심과 말씀하심과 개입하심은 한낱 역사나 전설같이 들려질 수도 있다. 그래서 펜을 들었다. 있는 그대로 썼다. 숨기고 싶고 감추고 싶은 과거가 많이 있다. 부끄러운 이야기들이다. 일부러 거친 생각도 그냥 두었다.

나의 손주들에게 진심으로 들려주고 싶은 이야기이기에, 옆집 손주 역시 우리의 사랑하는 손주이기에 함께 나누고 싶다. 이것은 지어낸 이야기가 아니다. 내가 살아온 이야기다. 나의 이야기이지만, 나 혼자만의 이야기가 아니다. 이 땅에 살면서 많은 사람들로부터 가르침과 보살핌을 받았다. 도저히 갚을 수 없는 사랑의 빚을 지고 살았다.

며칠 전 갑자기 세상을 떠난 이웃이 있다. 아무 말 없이 홀연히 갈 수 있는 것이 인생이다. 그래서 손주들에게 꼭 전하고 싶다. "마음대로 살지 말거라. 하나님의 말씀대로 살아야 한다"라고 미리 유언을 한다.

　　신명기 4장 9절은 이렇게 말씀한다. "네가 눈으로 본 그 일을 잊어버리지 말라. 네가 생존하는 날 동안에 그 일들이 네 마음에서 떠나지 않도록 조심하라. 너는 그 일들을 네 아들들과 네 손자들에게 알게 하라."

　　이 책에 있는 이야기들은 사실 성경에 다 있는 이야기들이다. 하나님의 말씀인 성경에는 우리 인생과 세상의 모든 것이 담겨 있다. 거기에는 하나님의 신실하신 사랑의 숨결과 우리 주 예수 그리스도의 인내와 성령님의 역사하심이 고스란히 담겨 있다.

　　"사랑하는 손주야! 이 땅에 사는 동안 성경 말씀을 통해 살아계신 그리고 영원히 우리와 함께하실 만군의 주 여호와를 찬양하며 복된 인생을 누려라." 이 할아버지의 기도는 너와 네 후손 대대로 축복으로 이루어질 것이다.

　　이 글은 주로 4년 전에 썼다. 그 후 많은 변화가 있었다. 가장 놀라운 일은 그동안의 세상 일을 접고 하나님의 나라를 구하게 된 것이다. 주님의 부르심이 있었고 기쁨으로 순종했다. 곧 선교지로 나갈 것이다. 이제 나는 잊히고 예수 그리스도께서 하신 일만 증거되기를 소망한다. 주님께서 이미 일하고 계신 그곳에서 예수님의 십자가만 전하며 살 것이다. 이 책 또한 십자가의 주님만 높여지는 도구가 되기를 간절히 기도드린다.

어려운 시간을 함께 견디어준 친구들과 갇혔을 때 찾아주신 분들, 목마를 때 잔을 건네주신 분들로 인해 여기까지 왔다. 철없던 시절부터 지금까지 기도와 사랑으로 이끌어주신 부용교회와 상도교회의 믿음의 식구들에게 진심으로 감사드린다. 특히 신앙과 인생에 많은 가르침과 본을 보이신 고 황대식 목사님과 여러 어른들에게 감사드린다.

W 국제선교회와의 만남을 이끌어주신 전태준·이미홍 장로님 내외와 최철희·최혜숙 선교사님과 언제나 한결같은 한승경 선배님, 두한바이오의 이경수 사장님, 이종찬 회장님과 후배 이경수 대표께 고마움을 표하고 싶다. 무엇보다 30년 이상을 함께 지내온 보건복지부 선배님과 동료들, 특히 이상영 형과 손건익 형께 감사드린다. 어지러운 글을 읽을 수 있는 책으로 만들어준 코람데오와 전상수 팀장님께 고마움을 표한다.

끝으로 존경하는 아버지 고 노영 집사님과 사랑하는 어머니 윤여희 권사님, 아내와 두 아들 양환과 홍환, 며느리 윤리와 손자 유성이와 온 가족에게 이 책을 바친다.

2019년 1월 상도동에서,
다시 오실 주님을 바라보며

C O N T E N T S

CONTENTS

CHAPTER 2   나의 사랑하는 자

CONTENTS

CHAPTER 3 여호와는 나의 목자시니

CONTENTS

CHAPTER 4 모든 것 내려놓고

CHAPTER 1

임마누엘의
하나님

얼마 전 '주기도문' 공부를 하면서 깨달았다. 전주교도소에서 나의 수번 491번은, 베드로의 일곱 번 용서에 대한 주님의 말씀, 일흔 번씩 일곱 번 490번보다 한 번 더 용서하라는 의미인 것을. 내 마음속의 쓴 뿌리와 이웃에 대해 늘 용서하고 사랑해야 한다는 것을 알았다. 491번의 의미를 다시 깨닫게 하신 성령 하나님께 감사!

새로운 삶이 시작되다

2013년 1월 29일, 이날은 1심 선고가 있던 날이었다. 새벽기도를 마친 후 목사님께서 기도를 해주셨다. "내일부터 새로운 삶을 살게 하소서……." 이 기도가 생생한 현실로 다가올 줄 누가 알았겠는가. 본당 계단을 내려와 위층에 서 있는 아내에게 손 흔들며 잘 다녀오겠다는 인사를 했다.

나는 1년 전 2,500만 원의 뇌물을 받았다는 혐의로 기소가 되어 있었다. 전주지법 정읍지원에 도착했다. 어쩐지 느낌이 이상했다. 먼저 와 있던 복지부 동료들도 만나고, 아는 사람들과도 인사하면서 법정에 들어섰다. 오전 10시, 인정신문 후 판사의 선고가 시작됐다.

"먼저 무죄 부분부터……." '무죄부터? 그럼 유죄가 있다는 말인가?' 한참 후 판사의 선고. "1년 징역에 처한다."

곧바로 법정구속이 되어 법정 옆 조그만 방으로 옮겨졌고, 얼마 후 경찰에 의해 수갑이 채워졌다. 법원 마당에서 함께 서울로 가려고 기다리던 동료들과는 어색한 인사를 나눴다.

호송차는 나를 싣고 전주교도소를 향해 전속력으로 달렸다. 차 안에서 아내에게 먼저 전화를 걸었다. 의외로 담담히 상황을 설명했다. 부산에 계시는 부모님과는 끝내 연결이 되지 않았다. 그로부터 6개월 후, 부모님과 통화했다. 그때 어머님 말씀, "이젠 죽어도 되겠다."

전주교도소 491번

오래 전 지인을 면회한 일과 교회에서 심방으로 교도소를 방문한 적은 있었지만, 재소자의 신분으로 교도소에 들어선다는 것은 참 낯선 일이었다. 코트와 양복을 벗고 넥타이도 풀었다. 알몸이 되었다. 문신이나 상처가 있는지 살피고, 지급하는 옷으로 갈아입었다. 몇 가지 서류 작성 후 담요와 식기, 수저를 받아 들고 491번이라는 천에 찍은 수번을 가지고 '신입방'이라는 곳으로 들어갔다.

그곳에는 이미 여섯 명의 사람들이 와 있었다. 군산에서 1심 선고를 받고 항소를 해서 전주로 이감되어온 도박, 폭력, 절도의 죄명을 가진 20대에서 40대까지의 사람들이었다. 세 평 남짓한 좁은 방은 덩치 큰 젊은이들로 인해 더 좁아 보였다.

어느덧 점심시간을 지나 누군가 초코파이를 건네주어 점심으로 맛있게 먹었다. 언젠가 개성공단에서 나눠주는 초코파이가 북한에서 인기가 좋다고 들은 기억이 났다.

의외로 방바닥은 따듯했다. 실내는 서울 집보다도 온기가 있었다. 서로 인사를 나누고 저녁을 먹었다. 다 먹은 식기는 화장실에 들어가 닦았다. 다섯 명은 세로로 눕고, 두 명은 발치에 누워 잤다. 꿈인가 싶은 생각이 들었다.

전날 오후 늦게 들어온 40대 초반의 대구 사람은 중국에서 사업을 하다가 부도가 나서 사기죄로 법정구속이 되어 들어왔다고 했다. 얼마나 한숨을 쉬는지 본인은 물론 옆의 사람들도 밤새 뒤척였다. 나쁜 마음이 없어도 앞의 회사가 넘어지면 연쇄부도로 사기죄가 되는 것을 처음 알았다.

그곳의 낯설고 경직된 분위기는 젊은 시절의 군 생활을 연상시켰다. 그러나 군대는 처음 보는 얼굴들이라 하더라도 비슷한 또래에 국방의 의무라는 공통점이 있는 반면, 그곳은 살아온 배경과 인생이 완전히 다른 사람들이 24시간 얼굴을 맞대고 있어야 하는 곳이라 무척 낯설게 느껴졌다.

그 후 시간이 흐르면서 깨달은 것은, 그들 역시 착한 이웃이고 하나님의 구원이 필요한 죄인이라는 것, 나보다 더 고운 심성을 가지고 있으며 나름대로 열심히 살아가는 사람들이라는 것이다.

아내와의 첫 면회

　비몽사몽간에 그곳에서의 첫 날 밤을 지내고, 다음 날 오전 몇 사람이 방을 배정받아 떠났다. 하룻밤을 같이 묵었다고, 간혹 면회접견를 가다가 만나면 반갑게 인사를 나눴다.

　2013년 1월 30일, 오전에 수용자 생활에 대한 안내를 받고 혈액과 혈압 검사 등 간단한 신체검사도 받았다. 점심을 먹고 난 오후 뜻밖에 아내가 면회를 왔다. 아크릴판으로 가려진 좁은 방, 앞에 놓여 있는 기계를 통해 말하고 들어야 하는 시스템이었다. 면회 시간은 고작 7~8분. 전광판 숫자가 점점 줄어들다가 1분이 남으면 '삐―' 하는 소리가 울렸다.

　면도를 못해 꺼칠한 모습에 수의를 입고 낯선 곳에서 아내를 만난 것이 지금 생각해도 꿈만 같다. 우리는 서로 "잘 지낸다, 걱정 말라, 기도하자"라고 말하고는 번갈아가며 기도했다. 시간이 아까워 눈을 뜨고 기도했다. 눈이 점점 젖어가는 아내를 보면서 나는 웃었다. 겉으로 웃은 것, 아내도 알았을 것이다.

　이후 많은 지인들이 접견을 왔지만 한 번도 눈물을 보이지 않았다. 나의 눈물이 찾아와준 분들의 가슴을 더 아프게 할 것임을 알았기 때문이다. 어릴 때부터 친구인 김기민 교수는 창원에서 4시간을 걸려 찾아와 8분의 시간 중 혼자 5분을 울다 갔다. "길상아, 니가 와 여기 있노" 하면서 울어주었다. 사람을 만나서 편하게 눈을 보면서 이야기한다는 것, 우리의 일상이 얼마나 감사하고 소중한 것인지를 점점 깨달아가게 되었다.

전주에 있는 동안 많은 사람들이 찾아주었고, 영치금도 넣어줬다. 내가 혼자가 아니라는 것과 그동안 헛되이 살지 않았구나, 하는 마음이 들었다. 너무 고맙고 소중한 사랑의 빚을 졌다. 지난 시절 어려움에 처한 이웃을 제대로 돌보지 못한 나 자신에 대해 부끄러운 반성을 했다. 남은 인생, 사랑하며 살아야겠다는 결심도.

아내가 넣고 간, 늘 내 책상 위에 있던 성경과 찬송가를 다음 날 받았다. 아이들 어릴 때 영국에서 찍은 사진도 함께. 성경을 창세기부터 다시 읽기 시작했다. 찬송은 한참 지난 후부터 화장실에 앉아서 부르기 시작했다. 아내는 그 후 한 주에 한 번 꼴로 다녀갔다. 어느 봄인가는 너무 보고 싶어서 "보고 싶다. 너무 보고 싶다. 아무것도 필요 없다. 그냥 보기만 하면 된다"는 웃기는 네 줄짜리 시를 적어 보냈다.

걷고 또 걷고

1사와 2사 사이에는 10×30미터 정도의 운동장이 두 개 있다. 공휴일을 제외하고 하루에 한 번, 30분씩 나가서 운동할 수 있다. 보통 한 번에 20~30명이 나가서 바람을 쐰다. 특별한 일이 없으면 24시간 방안에 있어야 하는 사람들에게 30분의 시간은 정말 귀하다.

3월 초까지는 눈이 있고 제법 춥다. 그 차갑고 좁은 공간을 고무신을 신고 걷다 보면 때로는 고무신에 쓸려서 양말 뒤꿈치에 구멍이 나기도 한다. 겨울 하늘, 철조망, 흰 구름, 높은 담……. 낯설고 어색한 곳이지만 옆방 사람들과 인사도 나누며 열심히 걸었다. 짧았지만 많은 일들을 경험한 귀한 시간이었다. 무엇보다 걸으면서 읊조리는 "여호와는 나의 목자시니 내가 부족함이 없으리로다……" 라는 말씀이 참 좋았다. 감사한 시간이었다.

그곳에서의 겨울은 더디게만 간다. 운동장에 민들레가 노랗게 피는 봄이 왔을 때, 얼마나 기뻤던지! 어느덧 여름이 와서 조금만 걸어도 땀이 날 때도 열심히 걸었다. 비가 많이 오는 날에는 사람들이 적게 나와 넓어진 운동장을 수건을 쓰고 비를 맞으며 혼자서 힘차게 걸었다. 봄볕이 뜨거워지면서는 얼굴이 너무 까맣게 타서 신문지로 모자를 만들어 쓰고 걸었다. 때로는 너무 예쁜 하늘을 보면서 두 손을 번쩍번쩍 치켜들고는 "할렐루야!" 힘차게 속으로 외쳤다.

우리 동네의 현충원 둘레길과 새벽기도 다녀오면서 아내와 넘어오던 중앙대 산길, 얼마 전 다녀온 섬진강과 지리산 둘레길, 제주도의 올레길, 그 길들이 몹시도 그리워졌다. 나가면 실컷 걸어야지, 자주 다짐했다.

사장님, 실장님, 장로님

　그곳에서는 서로를 '사장님'이라고 부른다. 보통 20대 친구들은 나이 든 사람에게 '삼촌'이라고 부르고, 조금 친해지면 나이에 따라 '형님'이라고도 부른다.

　나는 신입방에서 이틀을 지내고 바로 옆에 있는 방으로 옮겨졌다. 신입방은 임시로 거처하는 곳이고, 교도소의 사정에 따라 방을 옮겨서 생활한다. 처음 갔던 방은 과실 초범방으로 교통사고로 들어온 사람들이 네 명 있었다. 그곳에서 '사장님'이라고 불리면서 약 3개월을 지냈다. 뒤에 들어온 K군청의 공무원이 나를 '실장님'이라고 불렀고, 방이 흩어져 옆 건물로 함께 가면서 그곳에서도 '실장님'이라고 불렸다. 그곳에 한 달간 있다가 다시 처음 있던 곳으로 돌아왔다. 그곳에서 만난 분이 전에 교회를 다니다가 절에 다니는데, 불자회 회장을 했다고 하기에 '회장님'이라고 불렀더니 그는 나를 '장로님'이라고 불렀다. 그 이후로 같은 방 사람들뿐 아니라 모든 사람들이 나를 '장로님'이라고 불렀다.

　신입방을 제외하고 세 개의 방을 옮겨 다니면서 많은 사람을 만났고, 또 많은 사연을 들었다. 6개월 동안 그곳에 있으면서 지금껏 읽은 소설보다 더 많은 소설 같은 이야기들을 접했다. 서로가 그 누구에게도 할 수 없었던 이야기들을 털어놓는 모습을 보면서, 사람의 죄성이 본질적인 것을 다시 깨달았다.

나는 처음 들어갔던 신입방에서 돌고 돌아, 바로 그 방에서 2개월을 더 지내다가 6개월 만에 출소했다. 491번에서 시작해 사장, 실장을 거쳐 장로로 나오게 됐다. 우연이라고 하기에는 너무나 극적이라 위대하신 하나님의 손길이라고밖에 말할 수 없는 이야기다.

방장이 되어

입소 후 며칠이 지나 60대 중반의 J씨가 방장봉사원을 하고 있는 방으로 옮겨갔다. 그는 중동에 오래 근무했고, 고향은 경북인데 사업차 전주에 살고 있다고 했다. 교통사고로 어린아이가 죽어 10개월 형을 받았다고 했다.

신입방에서 본방으로 가니 분위기가 좋았다. 모두들 따뜻하게 맞아주었고, 방도 깨끗하고 먹을 것도 많았다. 커피와 과자, 못 보던 반찬도 있었다. 1주일에 두 번 영치금으로 구입한 것이지만 물자가 풍족하니 우선 마음이 넉넉해지는 것을 느꼈다. 군대에서는 더 그랬지만, 먹는 것이 얼마나 소중하고 감사한 일인지 새삼 깨달았다.

때로는 둘러앉아 간식을 먹으면서 "펜션에 놀러온 것 같다"는 농담을 주고받기도 했다. 그들로부터 이런저런 살아온 이야기들을 들으면서, 그동안 내가 정말 편하게 살았다는 것과 아직도 먹고사는 문제가 해결되지 않아 어려운 사람들이 많다는 것도 깨달았다. 우리가 일상적으로 누리는 가정과 관계가 어떤 이들에게는 평생 가져보지 못한 꿈같은 일이며, 안정된 직업과 일정한 봉급 역시 어떤 이들에게는 부러운 일이라는 것을 알게 됐다.

20대 후반의 J씨는 일주일 후 2심에서 집행유예로 나갔다. 50대 중반의 교통법규 위반 전과가 16범인 P사장은 만기가 6개월 남아 기결동으로 옮겨갔다. 나보다 뒤에 들어온 50대의 고물상을 운영하는 K사장과 30대 초반의 L청년 등 4~5명이 숙식을 같이하면서 하루하루 좁은 창으로 하늘을 보면서 지냈다.

　한 달쯤 있다가 방장을 하던 J사장이 기결방으로 옮겨가자 교도관이 나에게 봉사원을 맡겼다. 나는 그렇게 '방장'이 되었다. "모두 어려운 시간을 보내고 있는데 서로 배려하고 위로하면서 편하게 지내보자"는 방장 취임인사도 했다.

　방마다 방장이 있고, 다른 문화와 지키는 규정이 있다. 밖에서 보면 아무것도 아닌 것들로 서로 다투고 불편해한다. 식사 때 김 봉지를 미리 뜯어놓을 것인가, 먹기 직전에 뜯을 것인가. 간식을 구매할 때 오징어를 몇 마리 주문할 것인가. 설거지를 화장실에서 할 것인가, 아니면 싱크대에서 할 것인가 등으로 옥신각신 다투기 일쑤다. 간혹 이런 문제로 주먹다짐을 해서 독방인 징벌방으로 가기도 한다.

　같은 방 사람들은 내가 먼저 들어온 데다 나이도 있고, 사회적인 지위도 있다는 이유로 잘 따라주었다. 그러다 보니 방의 분위기가 좋아져 서로 오고 싶어 하는 방이 되었다. 어디서든지 관계가 힘든 법인데 방 분위기가 좋다 보니 그나마 하루하루가 견딜 만 했다.

　서로를 생각하고, 있는 사람이나 없는 사람이나 다 함께 나눠 먹고, 같은 옷에 한 이불을 덮고 24시간을 지내다 보니 때로는 친형제 이상의 동료의식이 생겨나기도 했다.

예배와 전도

그곳에 있는 동안 나는 성경을 통해 많은 은혜를 누렸다. 가급적 오전에는 말씀을 읽고, 오후에는 신앙서적 등 일반 서적을 읽었다. 창세기부터 다시 읽기 시작해 그곳에 머무는 동안 구약 2번, 신약 6번, 잠언과 요한계시록은 별도로 각각 18번과 9번을 읽었다. 나오기 전 마지막 방에서는 방 식구들에게 양해를 구하고 신약을 영어로 소리 내어 한 번 읽었다.

스물다섯에 예수를 주님으로 영접하고 난 후 매년 성경을 한 번 이상씩 읽었다. 그러나 그 말씀은 '언제나 새롭고 현재적이며 정확하다'는 사실을 깨닫는다. 내가 그곳에 들어간 이유에 대해 하나님께서는 여러 말씀을 주셨다. "걱정하지 마라. 너를 사랑한다. 내가 너를 이곳으로 불렀다. 너와 이야기하려고 불렀다……." 주님은 나를 주님의 사람으로 만드시려는 각별한 계획이 있으셨던 것이다.

그동안 아무리 바빠도 '맥체인 성경읽기표'로 매일 말씀을 읽었다. 어쩌면 '읽어버린다'는 표현이 맞았는지도 모른다. 형식적이고 기계적인 신앙생활을 했다. 주일예배를 드리고, 헌금을 꼬박꼬박 하고, 새벽기도에 나가고, 매일 말씀을 읽고, 뭐가 잘못됐느냐고 물을 수도 있다.

그러나 내가 잘못되어 있음을 깨달은 것은 구속되기 한 달 전이었다.

아침에 출근하는 아들을 붙들고 축복기도를 했다. 그런데 아들이 내 손을 뿌리치면서 바빠서 가야 된다고 하는 것이었다. 마음이 언짢았다. 아들이 나가고 나서 아들의 방 침대에 무릎 꿇고 엎드려 기도했다. 마음이 아팠다. 그런데, 그것이 아니었다. 아들의 모습은 바로 내 모습이었다. 주님께 나는 늘 그랬다. "주님, 됐습니다. 제가 바쁘거든요. 끝. 더 이상 저한테 말 걸지 마세요."

그것을 깨닫자 통곡이 나왔다. "주님, 잘못했습니다. 제가 주님의 마음을 이렇게 아프게 했습니다. 오! 주님, 저는 죄인입니다."

그곳에 있는 동안 하나님께서는 성경을 통해 얼마나 많은 말씀을 하시던지, 그동안 나는 하나님의 말씀에 대해 귀를 닫고 살았다는 것을 알 수 있었다. 내가 정해 놓은 대로, 내 기준으로 듣고 싶은 만큼만 들었다. 해석도 내 마음대로 했다. 누가 하나님이고 누가 인간인지, 완전히 주객이 전도된 잘못된 신앙생활을 했다. 그런데, 사랑이신 하나님께서는 나를 조용한 곳으로 불러서 "내 이야기 좀 들어봐라"라고 하셨다. 그리고 나에게 말씀하시고 싶어서 안달이 나신 것처럼 계속해서 말씀하셨다.

창세기의 말씀을 통해, 아브라함에서 시작된 하나님의 사랑과 계획이 사람과 사람을 통해 역사의 물줄기를 거쳐 이루어져가는 장엄한 드라마를 봤다. 그 하나님의 사랑은 신약성서에 와서 우리의 구원자이신 예수님을 통해 성취되었고, 오늘 우리 집안에 또 나에게 이루어졌다는 놀라운 사실이 가슴에 젖어들었다. 또, 그 생명과 축복의 말씀은 아내와 나, 그리고 두 아들을 거쳐 자손대대로 흘러가며 열매를 맺을 것이라는 말씀에 감사하고 또 감사했다. 특히 요셉의 이야기는 큰 힘과 위로가 됐다. 성경말씀뿐 아니라 요셉에 관한 신앙서적 역시 큰 은혜가 됐다.

J청년에게 복음을 전했다. 예수를 믿겠느냐고, 인생의 주인으로 모시고 살겠느냐고 물었다. 그리고 영접기도를 함께 드렸다. 로마서 10장 10절의 "사람이 마음으로 믿어 의에 이르고 입으로 시인하여 구원을 얻는다"는 말씀을 함께 읽었다. 첫 번째 전도였다. 이어서 고물상 K사장, K군청의 J선생에게도 복음을 전했다. 아침 점검이 끝나고 다 같이 예배를 드렸다. 사도신경, 찬송, 대표기도, 생명의 삶, 기도, 찬송, 주기도의 순서로 마무리하는 은혜로운 예배였다. 나 혼자 구석에서 드리는 예배가 아니라 매일매일 새신자들과 드려지는 예배였다. 감옥에서 드리는 하나님을 향한 예배, 살아계신 하나님의 임재가 있는 은혜의 시간이었다. 믿지 않는 이들도 있었지만, 좁은 방에 함께 있으면서 그들은 이미 복음과 하나님의 말씀을 늘 듣고 있었기에 생명의 말씀은 반드시 열매를 맺을 것이라고 믿는다. 아멘.

언젠가 아내는 편지에 내가 홀로 드리는 예배가 마음 아프다면서 함께하는 예배자를 붙여달라고 하나님께 기도했다고 했다. 신실하신 하나님께서 응답하신 것이었다. 출소하기 전에 있었던 마지막 방에서는 조선족 38세 C씨와 함께 예배를 드렸는데, 말씀을 전후로 찬송가를 다섯 곡씩, 열 곡을 불렀다. 그러다 보니 방 분위기가 좋아지고 옆방에까지 전파되어 '날마다 천국을' 누리고 살았다. 지금도 새벽마다 그곳에서 함께 예배드렸던 형제들, 만났던 사장님들, 아직 그곳에 계신 분들, 그 땅의 복음화를 위해 기도한다.

한 달간의 회개

미결방의 사람들은 자신의 사건에 대해 설명하고, 자문을 구하고, 변명을 한다. 그 모습을 보면서 사람은 누구나 같다는 생각을 하게 된다. 죄에 물들어 있다는 것이다. 죄의 본성이 뿌리 깊게 박혀 있다는 것, 다른 사람이 아니라 바로 나 자신이 그렇다는 것을 깨달았다. 자기중심성의 우상숭배에 젖어 살아온 나, 나름대로 바르게 살았다고 자부해온 지난 세월이었는데 말이다.

그곳에 들어온 사람 모두는 실정법상의 범죄 혐의가 있다. 본인이 인정하든 않든 죄인이라는 공통점이 있다. 그래서 죄의 본성에 대해 쉽게 마음을 연다. 지난날의 숨겨진 죄들에 대해 이야기를 나누다가 가만히 나 자신을 들여다봤다. 나 역시 똑같다. 아니, 나는 더 심하다. 잘 위장되어 있을 뿐이다.

시간이 나는 대로 용서하지 못함과 사랑하지 못한 것, 크고 작은 거짓말과 명백한 죄에 대해 어려서부터 시기를 구분해 떠올리기 시작했다. 예를 들면 초등학교 시절 학년별로 싸웠던 일, 때렸던 일, 훔친 것, 욕한 것, 속인 것…… 끔찍할 정도로 죄에 대한 기억은 선명하고 많았다. 다윗의 기도 중에 "주님, 저의 죄를 다 기억 마시고……"라는 말씀이 생각났다.

어차피 누워도 잠이 잘 오지 않았다. 밖에 있을 때보다 취침 시간이 길기도 했다. 밤 9시부터 아침 6시 30분까지 누워 있어야 했으므로 잠 자는 시간을 제외하고는 생각할 수 있는 모든 잘못과 죄에 대해 낱낱이 하나님께 고했다. 그리고 용서를 빌었다. 근 한 달 동안 회개를 계속했다.

마침내 도달한 결론은 나는 그곳에 진작 들어왔어야 하는 죄인이란 것이었다. 그것도 한 번이 아니라 여러 번 들어왔어야 했을 죄인이라는 것이다. 그런 죄인을 하나님께서 여태껏 놔두시다가 이제야 부르셨다는 것을 깨달았다. 십자가의 주님께서 흘리신 피와 찢겨진 몸으로 나 대신 내 죄를 지셨다는 복음, 그 십자가의 진리가 내 가슴속에 다시 흘러들어왔다. 오랜 세월, 복음에 대해 생각하고 전하고 논증했음에도 불구하고 이번에는 처음 듣는 이야기처럼 나에게 새롭게 다가왔다. 복음의 체득, 몸으로 일상으로 삶으로 깨닫게 되는 경험을 했다. 아, 우리에게 죄의 용서가 있다는 것, 용서받을 수 있는 길이 열려 있다는 것이 얼마나 감사하고 놀라운 일인지! 사람에게는 아무런 소망이 없다는 것과 구원자 되신 예수님만이 유일한 소망이라는 사실을 다시 새롭게 깨달았다.

밤마다 그렇게 숨을 죽여 가며 죄를 고하고, 용서를 구하고, 기도하면서도 나는 죄책감에 시달렸다. 살아계신 하나님은 성경을 통해 "예수님의 이름을 의지하여 고백한 죄는 다 용서하고 기억도 하지 않겠다"고 말씀하셨으나 나는 여전히 지나간 죄와 뿌리 깊은 죄책감에 힘들어했다. 머리로는 죄 용서와 하나님의 사랑을 믿으면서도 마음 깊은 곳에는 불신과 의혹의 어두운 그림자가 깔려 있었다.

시간이 지나고 마음에 평강이 찾아왔다. 그 누구에 대한 원망도 미움도 사라졌다. 다만 내가 용서를 구해야 하는 사람들이 남아 있었다. 맨 먼저 아내에게 용서를 구했다. 편지로, 또 만나서 사과했다. 두 아들에게, 누나와 동생들에게도, 부모님께도, 찾아오는 복지부 동료들에게도 용서를 구했다. 내가 무슨 이유를 가져다 붙인다 해도 나의 이기심과 헛된 욕심이 가족과 이웃을 힘들게 했다. 때로는 당사자가 알지도 못하는 사이에 저지른 잘못을 회개했다. 그런 일은 출소한 후에 용서를 구했다.

그런 과정을 거치면서 성경말씀이 가슴에 들어오기 시작했고, 같은 방 식구들이 귀하게 보였다. 아니 불쌍하고 안타까운 슬픔이 몰려왔다. '저렇게 괴로워하면서 죄책감에 시달리지 않아도 되는데…….' 좁은 방에 머리를 맞대고 누워 있으니 작은 숨소리와 한숨과 탄식이 다 느껴졌다. 예수만 믿으면 저 괴로움에서 벗어날 수 있다는 생각과 확신으로 그들이 듣든지 안 듣든지 예배시간에 하나님의 구원, 예수님의 십자가와 죽음, 부활, 영생을 전했다. 그리고 기도시간에 한 사람 한 사람의 이름을 불러가며 하나님의 구원 역사가 그 심령과 가정에 이루어지기를 기도했다. 그리고 그 방에 하나님 나라가 이루어지기를 늘 간구했다. 주기도문으로 예배를 마치고 나면 방안 분위기가 환해졌고, 사람들의 표정도 밝아지는 것을 느꼈다. 함께 예배를 드리지 않은 사람도 반갑게 손을 내밀었다. 복음, 예수 그리스도의 십자가 도는 우리 모두에게, 누구에게나 능력이며 소망이었다.

밖에 있을 때는 '사람은 죄인이다' 라는 것에 대해 쉽게 말을 꺼내기가 어려웠다. 더구나 죽음의 문제에 있어서는 더 그랬다. 괜히 분위기 깨는 주제를 꺼내는 것 같아서 모두들 '아닌 것처럼, 괜찮은 것처럼' 산다. 교회에서는 더 그렇다. 그러다 보니 예수 그리스도의 보혈, 십자가의 사랑, 하나님의 구원, 하나님의 영광이 추상명사가 되어가는 경향이 있다. 죄는 인간의 본성이며, 하나님의 심판은 죽음이 확실한 것보다 더 엄정하다는 것에 대해 둔감하게 살아가고 있다. 내가 죄인이라는 것을 인식할 때 하나님의 용서와 하나님의 사랑이 실체로 인식된다는 점에서 교도소는 가장 실제적인 복음과 전도의 현장이다.

그곳에서 공통적으로 느끼는 잘못과 후회는 부모님께 대한 불효와 아내에 대한 불성실, 가족에 대한 무책임이다. 누구나 출소하면 가족에게 잘해야겠다고 다짐을 한다. 이웃에 대해서도 정직하고 성실하게 살아야겠다고 약속하지만 쉽지 않다는 것을 인정하지 않을 수 없다.

일상

　그곳에는 하루 세 번의 점검이 있다. 자고 일어나 6시 30분경, 이불 개고 정자세로 앉아 번호를 한다. 아침 식사를 마치고 8시, 저녁에는 5시 점검이다. 아침 점검 후 자유시간이 주어진다. 어쩌면 그곳은 늘 자유시간이다. 방안에서는 자유다. 9시 20분경 TV가 자동으로 켜진다. 방송 프로그램도 정해져 있다. 볼륨은 조절할 수 있다. 점심때를 전후해 두 시간 정도 TV가 꺼진다. 라디오를 통해 교정방송이 나온다. 대개 노래나 재소자들의 엽서 사연들이다. 오후에 서너 시간, 그리고 저녁 먹고 두세 시간의 TV 시청, 8시 30분쯤 자리를 깔고 9시 정도에 취침을 알리는 소리가 들린다. "수용자 여러분, 오늘 하루도 수고하셨습니다." 여성의 아름다운 목소리를 들으며 잠을 청한다. 실내조명은 10시 30분경 꺼진다. 완전히 어둡지는 않고 희미한 취침등으로 바뀐다. 아주 단순하고 규칙적인 일과, 반복되는 일상이다.

　그래도 하루는 길다. 많은 일들이 벌어지고, 그 가운데 온갖 생각과 논란이 오간다. 사람의 복잡함과 단순함을 동시에 겪는다. 나름대로 시간을 보내는 패턴이 있다. 좁은 방이지만 여러 가지 일을 할 수 있다. 주로 팔굽혀펴기와 복근 운동을 한다. 시간을 정해놓고 함께 운동을 하기도 한다. 틈틈이 간식을 먹는다. 사이좋게 이야기를 나눈다. 어떤 때는 소풍을 나온 것 같은 착각이 들 때도 있다. 어릴 때 시골 이야기와 행복했던 시간들을 나누며 웃고 떠든다. 그러다 보면 행복하다는 마음이 차오를 때가 있다. 갇혀 있다는 생각조차 잊어버린다.

"너 참 착하다"

　좁은 창으로 보이는 하늘은 늘 예쁘다. 파란 하늘은 파란대로, 흐린 하늘은 흐린 대로, 구름은 또 얼마나 예쁜지. 나는 좀처럼 울지 않는다. 방장이기에 더 태연하려고 노력한다. 밖에서도 그랬다. 사무실에 아무리 어려움이 있어도, 집안에 큰 문제가 있어도 늘 담담하려고 애썼다. 어깨를 펴고 바로 걸었다. 눈을 크게 뜨고 앞을 보며 살았다. 동료들에게 용기를 주고 위로와 격려를 하고자 노력했다. 그런데 그곳에서는 혼자 화장실에 가서 울었다. 소리 죽여 흐느껴 울었다. 감사하고 또 감격해서 울었다. 너무 기뻐서 울었다. 울고 나서 찬물에 세수를 하고 웃으면서 나와도 방 식구들은 다 알았다. 내가 울었다는 것을.

　항소심 선고가 있기 며칠 전, 화장실에서 파란 하늘을 보았다. 구름이 너무 예뻤다. 나도 모르게 "주님! 감사합니다. 저는 아무것도 필요한 게 없습니다"라는 고백이 나왔다. 마음의 응어리가 갑자기 씻어지는 느낌이 들었다. 온갖 시름이 일시에 사라졌다. 마음이 후련하고 무언가 뿌듯한 기운이 차올랐다. 다음 날 그 하늘을 보는데 마음속에 주님의 음성이 들렸다. "길상아. 너 참 착하다."

　나는 울었다. 내가 할 수 있는 것은 아무것도 없었다. 소리쳐 외칠 수도, 기뻐 춤을 출 수도 없었다. 그저 화장실 밖 하늘을 쳐다보면서 서서 울었다. 주님께서 나보고 착하다고 하셨다. 이 죄인을 착하다고 하시다니…… 정말 기뻤다. 고시에 합격했을 때보다, 아내와 결혼했을 때보다, 두 아들을 낳았을 때보다, 마라톤을 처음 완주했을 때보다 더 기뻤다. 영국에서 박사학위를 받았을 때보다도 더 기뻤다. 전주교도소 화장실에서 주님의 음성을 들었을 때 나는 정말이지 충만했다.

나의 출애굽기

수감되고 며칠 후 아내에게서 첫 편지가 왔다. '전자서신'이라고 해서 인터넷을 이용해 편지를 쓰면 다음날 오후 출력해 방으로 가져다주는 서비스가 있다. 아내는 주로 이 전자서신을 통해 나에게 편지했다.

첫 편지는 간단한 안부였다. 나는 손편지로 답장을 했다. 270원짜리 우표를 붙여 방의 창틀에 걸어놓으면 걷어가고, 보통 닷새 안에 집에 도착된다. 아내는 매일 편지를 썼고, 나는 매일 답장을 했다.

토요일과 일요일은 편지를 걷지 않아 월요일 오전에는 금, 토, 일 세 통의 편지를 보내고, 오후에는 아내로부터 세 통의 편지를 받았다. 매주 일요일에는 부산의 부모님께 편지를 썼다. 하루하루의 일상을 쓰고, 그날 읽은 성경말씀 중 은혜 받은 것을 나눴다. 아내도 가족과 교회의 소식, 주님의 은혜를 적어 보내주었다.

대학시절 아내와 주고받던 연애편지 생각이 났다. 오랜만에 편지로 만났다. 매일 만났다. 아내가 전해주는 봄꽃 소식, 사람들 이야기, 말씀하시는 하나님의 음성, 특히 새벽기도 마치고 함께 걷던 언덕길의 모습들은 언제 들어도 반가웠다.

오후 3시쯤이면 편지를 기다렸다. 편지를 읽고 나면 라면 박스로 만든 상자, 때로는 밥 먹는 상을 펴고 답장을 썼다. 그 시간은 정말 기쁜 시간이었다. 약 한 시간에 걸쳐 두세 장의 편지를 썼다. 어느 날 창세기의 야곱의 이야기 중, 라헬을 얻기 위해 일한 7년의 세월이 그에게는 7일같이 여겨졌다는 구절이 들어왔다. 내가 그랬다. 그곳에서의 6개월의 시간이 6일처럼 짧게 보였다. 그러고 보니 영국에서 마지막 논문을 쓸 때, 가족들은 부산에 가고 혼자 남아 6개월을 살았다. 그때가 생각났다. 가슴 아프게 그리워하면서 연구실 책상 앞에 앉아 하루 종일 공부하던 시절. 엉덩이가 물러지도록 앉아 있었던 그 여름, 아내는 아미동에서 예수님의 십자가를 경험했던 그 시절. '맞아, 그때 주님께서 함께 계셨지. 그 어려움 속에서도 우리와 함께 계셨고 도우셨던 주님은 지금의 이 절박함 속에서도 여전히 우리를 사랑하시지……' 라는 믿음이 생겨났다. 주님의 신실하심과 풍성한 사랑은 여전히 우리에게 머물고 있다는 사실을 서로 확인하면서 편지를 주고받았다.

아내와의 편지가 얼마나 큰 힘이 되었는지, 출소하고 난 후 편지를 읽어보니 내가 썼다고는 믿어지지 않을 정도로 은혜가 있었다. 한편의 신앙고백이었고, 시와 노래였다. 아내는 내가 보낸 편지를 토대로 편집을 해서는 여러 지인들에게 소식도 전하고, 기도 부탁도 했는데 그역시 작품이다 싶을 정도로 감동이 있었다.

우리는 서로 주고받은 편지를 보관하고 있다. 다음에 손주들에게 보여주자고 하며. 하나님께서 우리 가족을 어떻게 인도하셨는지 증거하고 싶다. 성경의 출애굽기가 이스라엘을 인도하신 하나님의 손길이라면, 그 편지는 우리가 6개월 동안 하루하루를 얼마나 치열하고 절박하게 살았는지, 하나님의 은혜가 없으면 한 순간도 살 수 없다는 고백이 구석구석 드러나 있는 우리 집안의 출애굽기이자 사도행전이다. 나는 우리 손주들에게 그 연애편지를, 주님과 우리가 주고받았던 연애편지를 직접 읽어주고 싶은 마음에 생각만 해도 가슴이 벌렁거린다. 사랑하는 아내여, 우리 주님의 순결한 신부가 되자. 우리가 서로에게 그러했듯이.

형제들과의 '봄'

　1층에서 겨울을 보내고, 옆 건물 3층으로 방을 옮겼다. 갑자기 같이 있던 식구들이 두 명, 세 명으로 나뉘어졌다. 그곳에서는 이런 경우 '방을 깬다'고 말한다. 나는 K군청의 J선생과 함께 방을 옮겼다.

　옮긴 방에서도 나는 자연스럽게 봉사원이 되었다. 그곳은 경제방으로 여러 유형의 식구들이 모여 있었다. 여호와의 증인으로 병역을 거부해 들어온 20대 초반의 젊은이가 세 명 있었는데, 얼굴에 '착하다'고 쓰여 있었다. 말투나 행동이 참 착했다. 그들이 가지고 있는 성경과 책자들을 자세히 들여다보고, 그들의 믿음에 대해서도 많은 이야기를 나눴다. 물품 구매와 영치품 관리는 다 여호와의 증인인 '형제들'이 맡도록 했다. 그들은 정직했다. "원수를 사랑하라"는 말씀을 따라 병역을 거부하고, 군복무 대신 교도소에 오기를 선택한 젊은이들이었다.

　우리의 분단 현실과 군복무에 대한 국민들의 민감함, 헌법상의 기본권과 의무에 대한 논란들에 대해 많은 생각을 해보게 됐다. 답은 없었다. 단지 우리의 현실이 안타까울 뿐이었다. 그 '형제들'을 보면서 내 속에 있는 편견이 잘못된 것일 수도 있다는 생각이 들었다. 그들이 지키고자 하는 신앙에 대한 태도는 나에게 큰 도전이 되었다. 밥을 천천히 먹고, 반찬도 남을 배려하면서 먹는 모습 또한 인상적이었다. 나는 밥을 빨리 먹는 편인데, 거기서는 모두 나보다 더 빨리 먹어서 '형제들' 옆에 자리하기를 좋아했다. 일곱 명이 반찬을 두 군데로 벌려놓고 먹었는데, 나는 자연스럽게 세 친구와 함께 이야기를 하면서 맛있게 먹었다.

나는 점심 설거지를 맡아 했다. 방 식구들이 하지 말라고 말렸지만 나의 기쁨을 빼앗지 말라고 부탁했다. 그리고 방 청소나 이불을 펴고 갤 때도 함께 했다. 옆방 사람들도 방장이 설거지를 한다고 이상하다고 했다. 그렇지만 곧 당연한 일로 받아들여졌다. 우리 모두는 하나님의 은혜로 사는 한 '형제들'이니까.

3층으로 올라가니까 참 좋았다. 바람도 잘 불고, 하늘도 더 크게 보였다. 산과 들판이 눈에 들어왔다. 새벽에는 닭 우는 소리가 들렸다. 들녘에 봄이 오고 있다는 것을 알 수 있었다. 노란 유채꽃이 보이고, 먼 산 진달래의 불그스레함과 산 벚꽃의 화사함이 가슴에 다가왔다. '아, 봄이 오는구나.' 창밖을 내다보면서 봄을 그리워했다.

방 식구들은 봄철 먹거리부터 가볼만 한 곳까지 저마다의 추억을 이야기했다. 봄은 우리의 마음을 따뜻하게 하는 동시에 현실에 절망하게 했다. 봄이 되면 모든 것의 시작과 희망이 차오른다. 그러나 그곳에서의 봄은 '쳐다볼' 뿐이다. 모두들 목을 빼 작은 창을 통해 밖을 보고 한마디씩 하지만, 봄에 취해 있을 수만은 없다. 주어진 상황과 재판 과정, 그 밖의 문제들이 너무 크게 보여 봄이 오는지 가는지 모르고 지낸다. 공판이나 조사 때문에 밖에 다녀온 식구가 개나리 핀 것과 거리의 풍경들을 전한다. 아무도 대꾸하지 않는다. 내가 이야기를 꺼낸다. "땅콩하고 간식을 먹읍시다." 신문지를 깔고 둘러앉아 봄 이야기를 다시 이어간다.

회개와 십자가

창밖의 봄을 그리워하던 그 즈음, 복지부 신우회에서 면회를 왔다. 반가운 얼굴, 그립던 사람들이었다. 짧은 시간이었지만 만남 가운데 하나님의 메시지가 있었다. "복지부가 회개해야 한다. 통일을 준비하는 부처가 되어라." 그리고 하나님은 나에게 "여기에도 나의 말씀은 살아 있다"는 격려를 해주셨다.

지난 세월의 개인적인 회개를 마치고 나의 가족, 형제, 집안 전체와 우리 가계에 있었던 과거의 우상숭배와 죄악들에 대해 하나님께 용서를 빌었다.

"주님. 제가 여기에 있는 것으로 저와 저희 집안의 죄가 용서받기를 원합니다."

이어서 복지부와 정부, 나라와 민족에 대한 회개와 간구의 시간을 가졌다. 점차 마음이 가벼워졌다. 몸도 가벼워지는 것을 느꼈다. 십자가의 은혜, 참 회개하는 자를 불쌍히 여기시고 용서하시고 받아주시는 하나님의 그 사랑이 마음에 차올랐다. 무엇인가 마음 깊은 곳에 따뜻함과 뿌듯함이 있었다.

그곳에서의 아침 예배 마지막 찬송은 언제나 J씨가 기억하고 있던

'내게 강 같은 평화, 바다 같은 사랑, 샘솟는 기쁨'이었다. 죽음이 인생의 끝이 아니라는 것과 누구나 회개하고 주님께로 돌아서면 하나님의 자녀가 되고 영생복락을 얻는다는 복음을 매일 전했다. 나 자신에게, 또 방 식구들에게.

좁은 방에서 24시간 같이 뒹굴다 보니 서로 못할 이야기가 없었다. 그렇다면 인생의 가장 중요한 본질적인 문제인 죄와 죽음, 그리고 영생에 대해서도 말하지 않을 수가 없었다. 우리에게 십자가의 길이, 회개와 용서의 길이 있다는 것, 그것 하나만으로 사람은 행복할 수 있다는 것을 알았다. 십자가! 십자가가 우리 모두의 찬양 제목이어야 하는 이유를 몸으로 깨닫기 시작했다.

"알아서 하십시오. 저는 잡니다"

처음의 당황과 염려는 시간이 가면서 정리되어갔다. 처음에는 "하나님! 이 문제를 해결해 주십시오"라고 기도했다. 그런데 말씀과 기도, 묵상을 통해 드는 생각은 이 문제의 시작 자체를 하나님께서 계획하셨다는 것이었다. 하나님께서 나를 '사람' 만드시고 복 주시려고 계획하시고 여기까지 오게 하셨다는 것을 깨닫게 하셨다. 주님께서는 성경말씀과 상황을 통해 끊임없이 말씀하셨다. "걱정하지 마라. 염려하지 마라. 내가 복을 주겠다. 나는 너에게 복을 주고 싶다. 특히 얼굴을 찌푸리지 마라. 내가 있는데 네가 왜 나서냐?"

가만히 생각해보니 맞는 말씀이셨다. 도저히 이해도 안 되고 설명도 할 수 없는 상황에서 내가 할 수 있는 단 한 가지는 '믿음을 갖는 것'뿐이었다. 믿을 수밖에 없고 매달릴 수밖에 없는 형편이었다. 생각할 수 없는 고난을 받는 욥, 그러나 곤경에 빠진 욥보다 더 긴장해 손에 땀을 쥐고 지켜보신 이가 계시니, 그분은 만군의 주 여호와 하나님이시라는 이야기가 힘이 됐다. 숨 죽여 바라보시는 주님께 믿음을 보여야 한다고 생각했다. 영국의 연구실에서 "네 믿음이 어디 있느냐"고 물으신 그 주님께 나의 믿음은 오직 예수님께만 있다는 사실을 증명해야 했던 것처럼.

　감히 그곳에서의 6개월의 시간을 한마디로 요약하면, '하나님의 사랑과 그리스도의 인내를 통한 구원의 역사'이다. 무엇보다 죄의 문제에 대해 하나님은 단호하시다. 죄인은 용서하시지만 죄는 용서치 않으시는 하나님의 사랑과 공의, 그 충돌을 해결하시기 위해 이 땅에 보내신 예수 그리스도, 그를 믿기만 하면 구원, 하나님의 임재를 얻는다는 아주 단순하지만 명백한 진리를 다시 깨닫게 되었다. 심령 깊은 곳에서 드러나는 죄책감과 지나온 나의 얼룩진 과거에 대해서도 더 이상 염려하지 말라고 하셨다. 죄책감을 가지는 것은 불신앙이며 하나님의 능력과 사랑을 무시하는 못된 습관이라고 말씀하셨다.

　어느 날 밤, 자려고 누워서 다른 사람들의 사건과 공판에 대한 염려 근심을 들으면서 다짐했다. '쓸데없는 걱정하지 말자.' 바로 일어나 사건 기록과 1심 판결문을 다 찢어서 쓰레기통에 넣었다. "주님! 이제 알아서 하십시오. 저는 잡니다." 오랜만에 단잠을 잤다.

보너스를 받다

그곳에서는 사람들과의 식사 약속이 없다 보니 기름진 음식을 섭취하거나 과식할 일이 별로 없다. 정해진 시간에 단순한 식사를 하니까 몸이 가벼워지기 시작했다. 2주에 한 번씩 체중계를 넣어주면 몸무게를 잰다. 다들 체중이 늘었다고 고민한다. 그러면서 계속 먹는다. 그러나 나의 경우는 밖에서는 아무리 애써도 줄지 않던 체중이 줄기 시작했다. 간혹 금식을 하기도 했지만, 적게 먹고 운동을 하면서 68킬로그램까지 줄였다.

라면이나 빵 같은 간식은 가급적 먹지 않았다. 집에서는 거의 먹지 않던 김과 멸치볶음, 콩자반이 참 맛있었다. 아내와 친지가 면회 오면 멸치와 김을 넣어달라고 부탁했다. 옆 방 사람들과 나눠먹기도 했다. 관에서 나오는 김치도 입에 맞고 밥맛도 좋았다. 면회 온 사람들은 "정말 콩밥이 나오느냐"고 묻기도 했는데, 그럴 때면 "콩밥 대신에 보리밥과 반찬으로 콩자반이 나온다"고 이야기하며 마주보고 웃었다. 걱정하지 않고 규칙적으로 생활하면서 맛있게 먹고 즐겁게 지내고 잠을 푹 자니까, 몸이 좋아지기 시작했다.

밖에서 건강검진을 하면 보통 정상B인데, 거기에서는 정상A를 받았다. 모든 수치가 좋아졌다. 밖에서는 도저히 달성할 수 없는 수치가 나왔다. 주님께서 주신 보너스로 여겼다. 감사했다. 마음 역시 점점 좋아졌다. 뭔가 마음속의 응어리가 씻어지는 느낌이 들었다.

하루하루의 시간이 너무 소중하게 흘러갔다. 그냥 지내기에는 너무 아까운 시간들이라는 생각이 들었다. 책도 많이 읽고, TV도 재미있게 보고, 사람들과 이야기도 열심히 나눴다. 감옥에서도 소소한 재미와 즐거움을 찾을 수 있었다. 겨울에는 1주일에 한 번 하는 따뜻한 물 샤워와 여름의 찬물 샤워도 몸과 마음을 상쾌하게 했다. 30분 걷고 난 후 마시는 커피 한 잔과 맛있는 간식, 간혹 나오는 신선한 야채로 풍성한 식탁 등 감사할 일이 참 많았다. 때로는 서로 이야기하면서 박장대소를 했다. 일주일에 두세 편의 드라마 시청과 주말의 영화, 특히 〈백년의 유산〉을 재미있게 봤다. 그 프로그램을 할 때면 온 방이 다 조용했다. 그러다 웃고, 욕하고, 한탄하고, 일시에 반응했다. 뉴스에 나쁜 사람이나 안 좋은 소식이 나오면 엄청 욕을 하기도 했다. 나라에 대한 애국심은 공무원인 나보다 더하다.

"주님, 뭐하십니까!"

좁은 공간에서 함께 지내다 보니 때로는 거슬리는 일들도 꽤 있다. 자꾸 왔다 갔다 한다. 눈 바로 앞에 계속 서성인다. 좁은 방에서 혼자 크게 떠든다. 심한 욕을 해댄다. 누구라고 지정하지도 않고 원망과 저주를 퍼붓는다. 방구들이 꺼지라고 한숨을 쉰다. 아무것도 아닌 걸로 계속 다툰다. 드러내놓지 않고 싸우고 있다. 아무도 안 보는 TV는 혼자서 시끄럽다. 벽을 주먹으로 치고 발로 찬다. 혼자서 맛있는 반찬을 집중적으로 먹는다. 밤중에도 일어나 한숨을 쉰다. 밤새 뒤척인다. 모기가 '왱' 하면서 손가락과 얼굴을 문다. 번갈아가면서 잠을 깬다. 화장실에 간다. 독방에 있는 영감님은 밤새 욕을 한다. 문을 찬다. 다른 방에서는 잠 좀 자자고 문을 찬다. 다들 멍하니 앉아 있다. 다들 피곤하다. 계속 잔소리를 한다. 참 이상하다. 다 똑같은데 아닌 것 같다. 귀마개와 수면안대를 다시 정돈한다. 베개를 다시 놓고 돌아눕는다. 아주 조금. 더 가면 썩은 입 냄새가 쏜다. 아주 날카롭게.

그래도 성경을 들고 있다. 고개를 들지 않고 사람들의 마음을 듣는다. 다 아픈 사람들이다. 우리 모두는 세상에서 버림받았다. 벌을 받기 위해 들어와 있다. 갇혀 있다. 짐승처럼. 어떠한 주장도 어떠한 요구도 무시당한다.

며칠째 찾아오는 사람이 없다. 모두들 방안에 앉아 있다. 똑같은 옷을 입고, 똑같은 것을 먹는다. 너무 낯설다. 처음 보는 사람이다. 말투도 다르고 죄명과 죄질도 다 다르다. 살아온 길도 다르다. 그런데 다 같이 있다. 꿈인가 싶다. 누가 그런다. 지금 이럴 때가 아닌데, 가봐야 할데가 있다고 한다. 만나야 할 사람이 기다리고 있단다. 어머니께 인사도 못했다고, 아이들에게 해외출장 가 있다고 했단다. 왜 아빠 핸드폰이 꺼져 있느냐고 막내가 악을 쓰며 운다고 한다. 내일까지 갚지 않으면 거기도 부도가 난다고 초조해한다. 다 망한다고 한다.

그래도 함께 앉아 있다, 멍하게. 시계는 가고 있다. 초침은 부지런히 돌고 있다. 법무부 시계도 돈다고 한다. 국방부 시계가 그랬듯이. 장기수에게는 시간이 하루 이틀, 한 달 두 달이 아니라 1년, 2년, 3년, 5년…… 이런 식으로 간단다. 절망이다. 아직 지금이다. 아직도 여기다. 하릴없이 달력에 동그라미를 자꾸 그리고 있다. 가위표도 친다. 무슨 뜻인지 알 수가 없다. 일어나 창가로 간다. 하늘을 본다. 속으로 심호흡을 한다. 눈에 힘을 준다.

'주님, 뭐하십니까? 보기 좋습니까?' 속으로 묻는다. 대답이 없으시다. 아무 말씀도 안 하신다.

금식

생각 없이 웃고 떠들다가도 '이렇게 마냥 앉아 있을 수만은 없다'는 절박감이 몰려올 때가 있다. 뭔가 조치를 취해야 하는데, 대책이 없다. 핸드폰도 없다. 어떻게 돌아가는지 도무지 알 길이 없다. 밖에서 노력하고 있다고, 믿음의 식구들이 열심히 기도하고 있다고 하지만 그래도 아무 소식이 없으면 답답하다. 그날은 아침에 기결동 옥상에서 까치가 울었다. 아무 움직임이 없다. 마음속의 절박함과 간절함을 표할 방법이 없다. 오직 하나님만 바라볼 뿐이다.

금식을 하기로 했다. 흉악의 결박을 풀고, 혈기를 죽이고, 마음속의 더러움을 씻고, 기도 제목을 성취하기 위해 금식을 하기도 하지만 이번에는 오로지 한 가지 목표만을 세웠다. "하나님, 저를 불쌍히 여겨주십시오."

세끼 밥 먹는 시간이 그나마 즐거움인 방 식구들에게 밥을 굶는다는 것을 설명하기가 어려웠다. 하지만 양해를 구하고 금식했다. 나중에는 방 식구들이 금식에 동참해 몇 끼씩 함께 굶기도 했다. 밖에 있을 때 3일 금식을 몇 번 한 적이 있다. 그때에 비하면 덜 힘들었다. 비교적 활동량이 적고 행동반경이 좁아서 신체적인 어려움은 덜했다. 말씀과 기도에 더 집중할 수 있었다. 2일, 3일, 5일, 저녁 26끼 등 여러 번 다양한 방법으로 하나님께 나의 마음과 모습을 보이고 싶었다. 주님께서는 그때마다 말씀을 주시고 힘을 주셨다. 금식할 때는 아내에게 미리 알리고 기도 부탁을 했다. 한번은 사전에 연락을 못하고 주말에 금식했는데, 무척 힘들었다. 중보기도의 위력을 절실히 깨달았다.

금식 후 먹는 밥은 정말 맛있다. 금식 중에 방 식구들이 먹는 간식은 대단한 유혹이었다. 사과와 땅콩, 밥 냄새……. 눈에 보이는 것과 음식 씹는 소리는 주린 배와 육체적 본능에 엄청난 자극과 고통이 됐다. 하지만 마음과 영혼의 가벼움과 충만함은 말할 수 없는 기쁨을 주었다. 오늘날 문제는 못 먹어서가 아니라 너무 많이 먹어서 건강을 해치고 심령이 병들어 간다는 지적은 전적으로 맞는 말이다.

아내와의 편지와 면회를 통해 많은 이들이 나를 위해 기도하고 있다는 것을 알았다. 아내도 힘든 중에 새벽기도의 자리를 지키고자 애쓰고 있다는 것을 알았다. 나 역시 새벽 5시의 기도 시간에 맞추기 위해 4시 반에 잠에서 깬다. 화장실에 가서 세수하고 제자리에 돌아와 무릎을 꿇는다. 간절한 기도와 중보가 있는 은혜로운 시간이다. 그리고 성경 말씀을 읽는다. 아침 예배 준비도 한다. 참 감사한 시간이다. 내 인생에 이때보다 더 주님께 가까이 나아간 적이 있었을까. 주님은 언제나 나를 받아주고 말씀하신다.

부흥을 경험하다

같은 층에 있는 50대 초반의 목사님과 운동 시간에 자주 이야기를 나눴다. 하루는 그분과 신앙 이야기를 나누던 중 마틴 로이드 존스Martyn Lloyd Jones 목사님에 대해 이야기를 나누게 됐다. 목사님은 나에게 《부흥》이라는 책도 빌려주셨다. 500여 쪽이 넘는 책이었는데 정말 은혜가 있었다.

그날 읽은 것은 그날 아내에게 편지로 나눴다. 내 신앙생활의 잘못과 하나님의 영광에 대한 오해, 하나님의 부흥을 갈망해야 하는 이유와 방법 등 오래전에 쓰였지만 지금의 나와 우리의 현실에 그대로 적용되는 역작이었다. 하나님의 말씀은 항상 '현재적이고 실제적이고 정확하다'는 진리를 다시금 깨달았다.

신약성경에 나오는 '영광'이라는 단어에는 동그라미를 쳐가면서 읽었다. 우리가 부흥을 구하는 단 하나의 이유는 하나님의 영광을 위해서이기 때문이다. 그러나 나는 '하나님의 영광'을 모른다는 사실을 발견했다. 슬픈 일이지만 사실이다. 그래서 더욱 하나님의 영광을, 하나님을 구했다. 하나님께서 나에게 임해 나타내주시기를.

이어서 로이드 존스 목사님의 《회개》, 《하나님 나라》도 읽었다. 시편 51편을 근거로 한 다윗의 '회개' 이야기는 바로 나의 이야기가 되었다. '그럼에도 불구하고 하나님 앞으로 나아가는 다윗, 그 다윗을 받아주시는 하나님', 이 세상 어떤 드라마와 소설이 이 사랑 이야기를 그려낼 수 있을까.

반성문

그곳에 있으면서 반성문을 많이 썼다. 나는 무죄를 주장해 반성문을 쓸 일이 없었지만, 방 식구들의 부탁으로 반성문을 썼다. 어떤 판사는 판결 전에 반성문을 꼭 제출하라고 한다. 그렇게 해서 한 사람의 과거와 범죄, 그리고 앞으로의 이야기를 쓰다 보면 소설보다 더 소설 같은 사실들을 알게 된다. 누구나 죄인이라는 것, 그럴 수밖에 없었다는 것, 그럼에도 불구하고 죗값을 치러야 한다는 것, 그러나 절망하지 않고 희망을 가져야 한다는 사실을 깨닫는다. 마지막 구절은 늘 이렇다. "존경하는 재판장님! 저는 새 삶을 살고 싶습니다. 새사람이 되겠습니다. 아니, 이미 새사람이 되었습니다. 저를 도와주십시오."

사람의 생각과 다짐이 얼마나 헛되고 어리석은 것인지 우리는 다 안다. 그러면서도 계획을 세우고 맹세를 한다. 인간의 한계와 끝없는 욕망은 결국 죄악과 파멸을 가져온다는 엄연한 사실 앞에 우리는 겸손해야 한다. 아니, 나는 겸손해야 한다. 내가 누구를 탓하며 손가락질할 수 있는가. 반성문을 쓰면서 알았다. 나도 똑같은 죄인이라는 것, 그보다 더하면 더했지, 덜하지 않다는 것을. 날마다 때마다 주님을 의지하지 않고서는 한순간도 사람답게 살 수 없는 존재임을 고백한다.

2주간의 특별휴가

항소심 선고는 당초 7월 12일로 예정되어 있었다. 그것이 이유 없이 2주나 연기됐다. 얼마나 낙심이 되던지, 가족들과 이 일을 바라보고 있는 모든 사람들에게 더욱 하나님만 바라보게 되는 계기가 되었다.

하나님은 자신의 영광을 사람과 나누지 않는다는 사실을 더 절감했다. 하나님은 정말 드라마틱하시고, 때로는 혼자서 슬며시 웃으시며, 우리의 상황을 즐기시는 것 같다는 생각도 들었다.

마음을 고쳐먹고 2주간의 특별휴가를 즐기기로 했다. 밖에 있을 때 가졌던 좋은 시간들을 그려보았다. 아름다운 추억들을 떠올렸다. 추억 속 그 길을 걸었다. 아내와 차를 마셨다. 아이들과 프랑스 요리를 먹었다. 지중해의 달을 보며 해변에 앉아 '군대 다시 가도 좋겠다'라는 생각이 들 정도로 아름답고 행복에 취해 있던 그 시절로 돌아갔다.

7월 12일 출소를 염두에 두고 아침예배 설교와 밤 성경공부를 해왔던 터라 다시 일정을 잡았다. 설교는 요한복음에 이어 사도행전을 매일 한 장씩 했고, 성경공부는 창세기에 이어 출애굽기를 했다.

알고 보니 하나님께서 나를 위해 준비하신 특별휴가는 딴 곳에 있었다. 로이드 존스 목사님의 《산상설교》 상하권을 읽었다. 마태복음

5, 6, 7장을 바탕으로 한 60편의 설교, 그 설교가 얼마나 생생하던지 예수님 앞에서 직접 주님의 음성을 듣는 것 같은 은혜가 있었다. 팔복에서 시작된 예수님의 가르침, 구절구절 은혜가 됐다. "마음이 가난한 자는 복이 있나니……."

시간이 어떻게 가는지 몰랐다. "너희는 세상의 소금이다. 빛이다." 조그만 메모지에 말씀을 적어서 읽고 또 읽었다. 마음 판에 새겼다. 생각하고 생각했다. 그때 거기서 예수님께 직접 말씀을 듣는 놀라운 시간을 가졌다. 그동안 살면서 가보고 즐겼던 그 어떤 곳보다 더 복되고 즐거운 동산, 이 세상에서 하나님의 얼굴을 뵐 수 있었던, 예수님의 말씀 속에서 뵌 하나님의 영광이었다.

집으로 돌아와 내 책상 앞에 앉아 다시 읽은 산상설교. 나는 울면서 소리 내어 그 말씀을 읽어보았다. "마음이 청결한 자는 복이 있나니……." 주님, 제 인생에 가장 아름다운 2주간의 특별휴가, 정말 감사합니다.

두 영혼을 위하여

　　2013년 7월 26일 오전 10시. 드디어 그날, 아침부터 방이 부산했다. 같은 방에서 두 명의 선고가 있던 날이었다. 간단한 기도와 찬양으로 예배를 드리고 방 식구들과 인사를 나눴다. K회장은 피해자와 합의가 되어 집행유예를 기대하고 있었다. 나도 무죄를 예상하고 있었기 때문에 짐 정리를 했다. 가지고 갈 성경찬송과 간단한 소지품은 석방 지휘가 나면 내보내달라고 미리 이야기를 해놓았다. 전날부터 금식을 하고 있어서 아침은 간단히 먹고 법정으로 갔다.

　　10시가 조금 지나 법정에 들어섰다. 아내와 큰아들, 아는 얼굴들이 보였다. 판사 세 명이 입장했다. 모두들 일어섰다 앉았다. 인정신문 후 재판장이 "오늘 판결을 한다. 오후 4시로 연기한다"라고 했다. 무슨 영문인지 다들 놀라고 의아해했다.

　　교도소로 다시 들어오는 호송차 안에서 주님께 여쭈었다. "이게 뭡니까? 어제 주님께서 하셨다고 말씀하셨잖습니까? 아직도 거기에서 할 일이 남아 있습니까?"

　　전날 아내는 양환이와 양복을 챙겨서 면회를 왔다. 당일 날 아침 일찍 서울에서 오는 것보다 미리 와서 면회를 하고 전주에서 하루 묵는 계획을 한 것이었다.

25일 오후 아내의 마지막 편지를 받았다. "스물세 살에 한 남학생을 만났다"는 구절로 시작되는 편지에는 그동안 우리가 살아온 이야기들이 적혀 있었다. 나도 모르게 눈물이 주르륵 흘렀다. 얼마 후 면회를 왔다고 해서 접견실에 갔다. 입소 후 처음으로 면회를 하면서 울었다. "주님, 감사합니다. 주님께서 하셨다고 말씀하셨어요"라고 말했다. 아내는 더운 여름이지만 들어갈 때의 모습 그대로 나오는 것을 보고 싶어서 평상복이 아닌 양복을 준비했다고 했다. 그 마음이 고마워서 울었다. 방에 남아 있는 식구들을 생각하니 마음이 아파서 또 울었다. 정들었던 방과 사람들, 친절한 교도관, 높은 담벼락, 평생 지내온 것만 같이 느껴지는 전주교도소. 그곳으로 다시 수갑과 포승줄에 묶여 호송차를 타고 들어갔다.

방에 들어서는 순간 알았다. 이 일 때문에 도로 들어왔구나. 그곳에는 낯익은 C씨와 함께 K사장과 J사장이 앉아 있었다. 우선, 점심으로 빵과 두유를 먹었다. "사장님, 제가 왜 도로 들어왔는지 알겠습니다. 하나님께서 사장님을 구원하시려고, 사랑하시기에 저를 보내셨습니다." 그리고 복음을 전했다. 죽음이 끝이 아니다. 하나님께서는 죄를 벌하신다. 그러나 사랑 때문에 죄인을 살리고 싶어하신다. 그래서 우리 대신 예수님을 죽였다. 그것을 마음으로 믿고 입으로 시인하면 구원을 얻는다. "믿겠습니까?" 두 분 다 즉시 "예"라고 답했다. 모두 무릎을 꿇고 영접기도와 결신기도를 드렸다. 신앙생활과 평안의 인사를 하고 다시 묶여서 나왔다. 최근에 들은 그곳 소식은, J사장이 새벽기도를 드리고 성경도 열심히 읽으면서 신앙생활을 잘 하고 있단다.

무죄, 신분의 변화

오후 4시가 되어 다시 법정에 섰다. 마지막 날 주님 앞에 설 때, 이런 심정이겠다는 생각이 들었다. 재판장이 판결문을 읽기 시작했다. 뇌물죄에 대한 대법원 판례로 시작했다. 긍정적인 신호로 보인다. 공소사실부터 하나하나 지루할 정도로 자세히 논한다. "1번 무죄, 2번 무죄, 3번 무죄……." 묵묵히 듣는다. 간혹 고개를 들어 앞을 바라본다. 겸허한 자세로 바닥을 응시한다. "주님! 감사합니다." 계속 기도한다. 재판장의 선고는 1시간을 넘기고 있었다.

"노길상 피고인, 무죄." 무죄다! 즉시, 그 즉시 나의 신분이 바뀌었다. 수갑과 포승을 풀고 양복으로 갈아입었다. 동복에서 춘추복, 하복으로 바뀐 죄수복을 속옷부터 싹 갈아입었다. 남이 신다 두고 간 낡은 운동화도 구두로 갈아 신었다. 넥타이도 맸다. 머리카락은 추리하고, 허리는 헐렁했지만 나는 자유의 몸이 됐다. 내 발로 걸어서 나왔다. 아내를 안았다. 한참 껴안았다. 그리고 멀리서 오신 정재은 목사님 내외분, 복지부 식구들, 집안 식구들에게 인사를 드렸다.

짐을 찾기 위해 법무부 호송차가 아닌 승용차를 타고 교도소에 다시 들렀다. 양환이가 내 핸드폰을 챙겨왔다. 부산 부모님께 전화를 드렸다. 여기저기서 전화가 왔다. 아내와 내 전화기 두 대로 축하 전화가 몰려왔다. 번갈아가면서 두 대의 전화를 받았다. 고속도로 휴게소에서 저녁을 먹었다. 누가 전화로 물었다. 두부 먹었느냐고. 먹고 있다고 답했다. 된장찌개에 네모난 두부가 있었다.

밤 11시경 집으로 돌아왔다. 6개월 만에 돌아온 집, 우리 집이다. 나는 우리 집 가장이고. 가족들은 가장 없이 6개월을 지냈다. 아니, 주님께서 우리 모두의 가장이셨다. 우리 집에서도, 거기 전주에서도 주님께서 '방장'을 하셨다.

갑자기 집 뒤의 국립현충원이 떠올랐다. 어느 날 집을 나가 아직 돌아오지 못한 영혼들. 그곳에서 현충일 행사를 TV 중계로 봤던 기억이 났다. 현충원 산 뒤에 우리 집이 있는데, 사랑하는 가족이 있는데, 나를 기다리는 처자식이 있는데…… 하면서 6·25를 생각하고, 조국의 산하를 그리워했다.

다시 아브라함의 품으로

집으로 돌아온 첫날은 밤새 잠들지 못했다. 아내와 이런저런 이야기를 나눴다. 아침이 되어 다 자고 있는 중에 혼자 거실을 왔다 갔다 했다. 넓다고 느껴졌다. 꿈인가 싶었다. 뒷산의 숲이 푸르게 보였다. 한강과 멀리 남산과 북한산 자락도 보였다.

아침을 먹으려고 식탁에 모였다. 감사기도를 드렸다. 가슴속이 울렁거렸다. 마음에 물결이 쳤다. 뭔가 뜨뜻해졌다. 눈물이 났다. 지금 이자리에, 우리 집 식탁에 앉아서 밥을 먹는다는 것이 꿈만 같았다. 그토록 그렸던 집과 식구들이다. 운다. '내가 왜 울지' 하면서 운다. '미안하오' 하면서 또 운다. '묵자' 하면서 운다. 아이들이 웃었다. 나도 웃고 아내도 웃었다. 그러면서 다 울었다.

피곤했지만 홍환이가 호텔을 예약해뒀다고 해서 아내와 둘이 차를 마시러 갔다. 마을버스를 타고 흑석동 고개를 내려간다. 낯설다. 151번 버스를 타고 한강을 건넌다. 왠지 이상하다. 익숙한 장면이다. 꿈에서 보던 그곳이다. 가슴이 뜨겁다. 눈물이 난다. 아내는 창피하다고 앞자리로 갔다. 엉엉 울었다. 손수건으로 입을 가리고 흐느꼈다. 다행히 중대병원에는 장례식장이 있다. 누군가 죽었나 생각할 거다. 옆자리

사람에게 미안했다. 울면서 한강을 건넜다.

   아내와 마주앉았다. 이국풍의 장식에 잉글리시 티, 맛있는 과자. 갑자기 어제 그곳이 생각났다. 어제 아침엔 그곳에 있었는데. 성경에 나오는, 부잣집 음식을 주워 먹던 거지 나사로가 죽어서 아브라함의 품에 안긴 이야기. 내가 바로 그 나사로와 같다는 생각이 들었다. 또 눈물이 났다. 울면서 웃으면서 이런저런 이야기를 나눴다. 아내와 매일 편지를 주고받았지만 아직도 할 이야기가 많았다.

완전히 엎드리어

주일이 되어 교회에 갔다. 낯설 것이라고 생각했지만 전혀 낯설지 않았다. 모든 성도들이 반겨주었다. 자세한 사정을 모르는 분도 있어 어디 좀 갔다 왔다고 말하기도 했다. 매주일 아침 일찍 일어나 머리 감고, 면도하고, 두세 명이 드리던 그곳의 예배. 그곳에서 우리의 예배를 받으시던 주님은 여기서도 우리의 예배를 받으셨다. 울음을 참았다. 아내와 함께 앉아서 예배드리는 것이 꿈만 같았다. 은혜로다 은혜, 주님의 은혜. 부산에 가서 부모님을 뵈었다. 형제들도 만났다. 부용교회 새벽기도에 가서 목사님께 인사도 드리고, 송도까지 오랜만에 뛰었다. 날아갈 것 같았다. 송도 해수탕에 가서 목욕도 하고 해운대에 가서 친구들도 만났다. 다들 자기 일같이 기뻐해줬다. 고마웠다.

그러나 아직 끝난 것은 아니었다. 검찰에서 대법원에 상고를 했다. 의례적으로 상고를 한다고 했다. 예수를 마음으로 믿고 입으로 시인하면 즉시 구원을 받는다. 즉시 신분이 바뀐다. 어둠에서 빛으로, 죽음에서 생명으로, 마귀의 자식에서 하나님의 자녀로 바로 옮겨진다. 하지만 세상의 절차는 그렇지가 않다. 대법원의 확정 판결이 있어야 복직이 된다고 했다. 그때까지 기다려야 했다. 검찰의 기소가 예정되어 기조실장을 그만둔 것이 2012년 1월 27일, 벌써 1년 9개월이 지난 때였다. 1심에서 여덟 번, 2심에서 네 번의 공판을 했다. 대법원은 법률심이라고 하니까, 그래도 기다려야 한다.

어차피 인생은 기다림이라고 했던가? 기다림 속에서 하루하루를 성실히 감사함으로 살아가기 위해 노력했다. 그동안 가보지 못했던 산도 많이 갔다. 아내와의 시간도 많이 가졌다. 백수로 지낸다는 것의 의미도 알게 됐다. 남은 인생에 대해서도 다 내려놓았다. '내가 아무리 계획하고 준비해도 이루시는 이는 하나님'이시라는 진리에 전적으로 공감했다. 아니 완전히 엎드렸다. 하나님의 주권과 섭리에 100퍼센트 순종을 다짐했다.

6개월간 그곳에 갇혀 있으면서, 시간이 가면 순적하게 이루어질 일들을 참지 못해 돌이킬 수 없는 길로 들어선 사람들을 봤다. 우리 모두는 성질과 혈기가 있다. 그곳에서 나도 몇 번의 위기가 있었다. 도저히 참지 못할 상황이 있었다. 욕과 주먹이 나가기 직전, 주님께서는 "내 방법으로 해야지" 하셨다. 내가 대신 사과하고 방장으로서 사태를 수습했다. 평화가 찾아왔다. 그러고 나니 모두 행복했다. 원수마귀는 나보고 성질대로 하라고 한다. 자신의 감정에 충실하라고 꾄다. 아니다. 절대 아니다. 주님의 방법으로 해야 한다. 죽기까지 참으시고 끝까지 견디신 주님께서 하셨듯이 '사랑으로 역사하는 믿음'을 이루어야 한다. 주님의 영광을 위하여. 그곳에서 마지막 시험을 이기고 기뻤다. 예전에 참지 못해 성질부리고 날뛰던 일들이 머릿속을 스쳐 지나갔다. 그러나 나는 안다. 아직 내 속에 있는 혈기와 더러운 욕망을. 날마다 때마다 십자가를 붙잡지 않으면 사람답게 살 수 없다는 사실을 안다.

오, 주님. 저는 언제나 사람이 됩니까?

이 글을 쓰고 있는 지금은 2014년 12월 10일, 아직 기다리고 있다. 보건사회연구원이 세종시로 이사를 간다. 나는 내일까지만 이곳에 있다. 그동안 1년 넘게 이 방에 있었다. 얼마 전 이곳의 신우회원들과 '주기도문' 공부를 하면서 깨달았다. 전주교도소에서 나의 수번 491번은, 베드로의 일곱 번 용서에 대한 주님의 말씀, 일흔 번씩 일곱 번 490번보다 한 번 더 용서하라는 의미인 것을. 내 마음속의 쓴 뿌리와 이웃에 대해 늘 용서하고 사랑해야 한다는 것을 알았다. 491번의 의미를 다시 깨닫게 하신 성령 하나님께 감사! 아내는 492번이다.

CHAPTER 2

나의
사랑하는
자

다윗이 하나님의 사랑을 받은 자인 것은 자기 죄에 대해 회개하고 주
님께 용서를 받았기 때문인데, 그 시절에 다윗과 같은 죄를 지은 사람
이 한둘이었겠습니까? 그런데, 하나님은 유독 그의 죄만 밝혀서 부끄
럽게 하고 회개하고 돌아오게 하셨지요. 왜? 그것은 하나님께서 다윗
을 지극히 사랑하셨기 때문이라는 것이지요.

아빠 냄새 그립다고

　여보, 어제 홍환이는 아빠 냄새 그립다고 당신 옷 입고 자네요. 양환이도 마지막 질주. 주께서 하신 일 주께서 마무리하실 것이고, 우린 그 가운데 있고. 잘 먹고 잘 자고 그라소. 여러 분이 기도하며 애쓰고 계십니다. 교회 여러 할매들이 달려가서 드러눕겠다는 걸 말리느라…… 겹치지 않으면 토요일에 갈게요! 샬롬, 사랑합니다, 당신을.

2013.1.31. 황혜연

"God is always right! He is good"

    서울은 겨울비가 내려요. 거기는…… 잘 잤죠? 아침은 옆 동에서 하도 오라 해서 잘 먹고 왔어요. 오늘 묵상 히브리서 13장 1부터 8절, 그리고 로마서 4장 20절에서 25절. 오늘 같은 날 당신은 영화 보러 가자 하지 싶다. 때때로 심심한 영화를 선택해서 그렇지만. 판결문을 오늘 나한테도 보냈는데 안 읽고 싶어요. 앞으로 대비하는 게 더 중요하지. 오빠가 오늘 급한 일이 생겨 가려다 못 가고, 낼 홍환이랑 당신 보러 간다고 해요. 홍환이는 군대 한 번 더 간 셈 치고 아빠랑 같이 들어가 있겠다네요. 어제 진호 아빠 전화해서 많이 울더라. 회사의 현실적인 일들은 자기가 잘 하고 있다고, 추석 지나서 한번 가겠노라 하며 가슴 아파합니다.

    여보, 감사한 건, 사람을 미워하거나 원망하는 마음이 안 드니 하나님의 은혜. 오늘 새벽기도 때는 늘 양육하며 딴 사람에게 해왔던 말, "God is always right! He is good"을 고백했네요. 이 장로님 날마다 전화하셔서 위로해주시고, 온 교회가 상하고 아픈 맘으로 기도하고 있고, 아이들 든든하게 자기 몫을 하고, 나도 은혜 가운데 있고…… 당신 말로 노 프로블럼!! 당신 돌아오면 식탁에 등도 맘대로 켜게 해주고 반찬 뒤적거려도 암말 안 하기로 했고요. 양환이 마지막 정리 위해 도서관, 낼 잘 챙겨서 기도해 보내고 우리는 당신 보러 갑니다. 홍환이 군대 보내놓고 이렇게 편지했는데. 오늘은 장로님들이 드러누우러 가겠다 해서 말리느라 혼났수. 우린 행복한 사람들이에요. 홍환이가 컴맹 엄마를 위해 즐겨찾기에 이 사이트 해줌. 뭐 그리 즐겨 찾을 일도 아닌데 말이우. 어머님 드러누우셨다가 이제 겨우 일어나심. 모성은 목숨보다 강한 것!

　김양태 목사님, 요셉 바울 이후 하나님이 쓰실 사람이라고 하시대요. 공통점은 다 거기 출신이라는 것. 여보, 이거 쓰는 데도 시간제한이 있어서 마음은 바쁘고 손가락은 독수리! 오늘도 그곳에도 당신과 함께 계시는 주님과 평안을 누리시길! 낼 만나. 사랑합니다 당신을.

2013.2.1, 황혜연

슬픔, 그리움 그리고 사랑

아버지, 큰아들입니다. 어떤 곳에서 어떻게 지내시는지 궁금합니다. 지금 아버지는 어떤 생각을 하고 계실지요? 저는 지난 주 토요일에 시험을 잘 치렀습니다. 작년 합격선보다는 높게 나왔지만 올해 합격 점수는 어떻게 나올지 모르겠습니다. 어쨌든 저는 2차 공부를 시작했습니다. 2차 시험은 3월 말에 있습니다. 그리고 4월에 국립외교원 시험까지 볼 생각입니다. 열심히 하겠습니다. For His Glory!

오늘은 괜히 집에 일찍 들어오고 싶은 마음이 들어서 저녁을 어머니와 함께했습니다. 전복죽을 먹었습니다. 조금 탄내가 났지만 백김치랑 너무 잘 어울렸습니다. 홍환이는 지금 야근하고 있답니다. 회사가 홍환이를 혹사시키고 있는 것 같습니다. 그리고 어머니는 왔다 갔다 하시면서 집안일을 하고 계십니다. 아버지께서 전주에 내려가신 후로 홍환이가 대견스럽고 고맙습니다. 지난 주일에는 아버지를 대신해서 어머니를 모시고 상도교회에서 예배를 드리고 왔습니다. 전날 시험을 치르느라 힘이 들어서 아침에 제가 못 일어날 것 같았는데 내심 고마웠습니다. 항상 막내 같았는데 형이 수험생이어서 그런지 말은 하지 않지만 배려해주고 신경 쓰는 그 속 깊은 마음이 느껴집니다. 이번 일을 통해서 다시 한 번 느낀 거지만 어머님은 과연 어머님이십니다. 어머니를 반이라도 닮은 여자를 만난다면 저는 결혼에 성공했노라고 감히 말할 수 있을 것 같습니다.

아버지, 아버지께서 내려가시고 나서 느끼는 이 감정이 무엇인지 잘 모르겠습니다. 누구에 대한 분노는 없습니다. 하나님에 대한 원망은 더더욱 아닙니다. 억울함도 적절한 표현이 아닌 것 같습니다. 조금은 슬픈 것 같습니다. 가족이 함께하지 못한다는 것 자체가 슬픈 일이지 않습니까. 그리움도 조금 있는 것 같습니다. 사실 많이 보고 싶습니다. 이 복잡한 감정을 한마디로 표현한다면 '사랑'인 것 같아요. 아버지 사랑합니다. 제가 느끼는 이 감정은 아버지에 대한 사랑인 것 같습니다. 그리고 하나님을 향한 제 마음도 '사랑'인 것 같아요. 이 모든 상황 가운데서도 하나님을 사랑합니다. 하나님 한 분만을 바라봅니다. 우리 가족 모두 매일매일 하나님께로 더욱더 가까이 나아가고 있습니다. 하나님께 붙어 있으려고 애쓰고 있습니다. 저는 내일부터 새벽기도를 나가려고 합니다. 아버지께서 짊어지셨던 기도의 책임을 조금이나마 져보려고 합니다. 아버지 건강하시고 평안한 시간 되십시오.

2013.2.4, 노양환

믿음의 명문가 되어

예수, 찬양! 조금 전, 장로님들이 다녀갔습니다. 화요일마다 있는 목욕을 하느라, 2시 면회가 조금 늦어졌습니다. 간만에 따뜻한 물에 샤워를 하니 짧은 시간이지만 가뿐합니다. 교회를 위하여, 담임목사님과 당회와 당회원들, 성도들을 위한 기도를 계속하고 있습니다. 먼 길을 달려와 주신 장로님들께 감사하며, 교회에 감사드립니다.

서울에는 눈이 많이 왔다는 소식을 들었습니다. 방금 당신과 양환이가 쓴 편지 잘 받았습니다. 다들 고맙고, 수고가 많소. 양환이가 적절히 표현했듯이 우리 가족이 '사랑' 안에 있다는 것이 맞소. 어제는 복지부 인사과장이 다녀갔습니다. 염려할 것 없고, 잘 진행되고 있소. 그리고 이번 일의 결말도 주님께서 하실 것이라는 믿음도 여전합니다.

신실하신 주님은, 저에게 새로운 시각을 열어주셨습니다. 당신이 보내 준 《순종》을 다시 읽으면서 그동안 놓치고 있었던 저의 죄와 교만, 저희 집안과 우리 교회와 이 나라의 죄악에 대하여, 깊이 회개하고 있습니다. 몇 가지 인용하면 (아이들과도 나누고 싶소)

- 당장은 쓰리고 아파 보여도 실은 보호와 축복, 다른 이의 구원을 위해 하나님이 허락하신 일
- 우리를 향한 하나님의 사랑은 순수하고 완전하며 영원하다는 사실을 절대 잊지 말라!
- 예수님은 당장은 힘들어도 끝까지 하나님의 권위에 순종하셨다.
- 그가 아들이시라도 받으신 고난으로 순종함을 배우셨다(히 5:7~8절).
- 하나님은 우리가 회개할 때 받아주신다.
- 우리를 지키고 죄에서 떠나게 하는 것은 하나님을 경외fear하는 마음이다(출 20:20).
- 참된 믿음은 옳고 그름에 대한 인식이 아니라 순종에서 나온다.
- 자기도 모르게 자기 논리를 하나님 보좌와 권위보다 높이는 것을 주의하라.
- 어떤 경우든 심령이 미혹된 사람은 자기 실상을 보지 못한다.
- 당신의 영향을 받는 사람들의 삶에 불순종이 들어오는 것을 허용한다면 그 책임은 당신이 지게 될 것이다.
- 순종은 주께 대한 것이며 보상 역시 그분이 하신다.

  그런 점에서, 내가 당신에게 알게 모르게 흘린 하나님의 권위와 교회의 리더십에 대한 비아냥거림과 무시한 것들이 양환이 홍환이에게 흘러갔을 것에 대해 회개하고 있습니다. 아울러 아미동의 부모님께 저지른 잘못들에 대해서도 기도하면서 회개하고 있습니다. 주님께서 저를 이곳에 있게 하신 이유가 이것인 것을 깨닫고 있습니다. '내가 맞다'는 주장과 고집이 대부분의 사람을 이곳에 들어오게 하고, 나아가 하나님과 멀어지는 삶 또는 신앙생활을 하게 만드는 것을 봅니다.

신실하신 주님께서 나를 이곳에 보내신 목적이 분명히 있고, 그것에 충실하게 생각나는 죄들을 하나하나 회개하고 있습니다. 그러나 슬프거나 억울한 그런 감정은 아니고, 나에게 남아 있는 교만과 나와 관계된 기관과 사람들 관계에 대하여 하나님께 용서를 구하고 있습니다. 지난 1월 29일 끝났으면 결코 갖지 못하였을 주님의 거룩하심과 신실하심에 대하여, 무엇보다 권위에 대한 불순종에 대해 깊은 회개가 있습니다. 하나님의 풍성한 은혜는 잊어버리고 작은 것 하나로 불평과 불순종을 저지르는 어리석음을 다시는 짓지 말아야겠습니다.

　우리 집안을 믿음의 명문가로 만드시려는 주님의 뜻은 이곳 전주에서 밝히 보이는 것 같습니다. 이 편지, 아이들에게도 꼭 읽히고 그 뜻을 전달해주시기 바라오. 하나님의 권위뿐 아니라, 군대생활 할 때 못된 상관들에게 가졌던 악한 감정들, 그것 역시 권위에 대한 불순종이며, 곧 하나님을 만홀히 여기는 것이라는 것을 잊지 말아야겠소. 당신이 간혹 나누어주었던 묵상이, 내가 지금 깨달은 그런 심정이 아닐지……하나님의 선하심과 만복은 회개하는 자에게 임한다는 것을 기억합니다. 나는 충만한 은혜 가운데 있소. 내 생각대로 내 기도대로 되지 않는다고, 하나님이 나를 사랑하지 않으신다고 생각하는 어린아이 같은 신앙을 벗어나야겠지요.

　이사야 64장 8~9절, "그러나 여호와여, 이제 주는 우리 아버지시니이다. 우리는 진흙이요 주는 토기장이시니 우리는 다 주의 손으로 지으신 것이니이다. 여호와여, 너무 분노하지 마시오며 죄악을 영원히 기억하지 마옵소서 구하오니 보시옵소서 우리는 다 주의 백성이니이다." 아멘!

　여보, 잘 지내소. 여기는 정말 좋소. 밖에 있는 사람들이 답답할 따름이지. 잘 먹고 잘 자고, 풍성한 은혜에 젖어, 전혀 알지 못하던 사람들과 하루하루 감사하며 살고 있소. 나도 군대에 잠깐 다시 왔다는 생각으로 지내요. 당신도 그렇게 생각하소. '그 어디나 하늘나라!' 라는 찬송가 가사가 딱 맞는 상황이네요. 하늘이 찌뿌듯하네요. 집에 할 일 없이 늘어져 있다가 여기에 와 있으니 스스로 절제가 되고 깨어 있게 됩니다. 이것이 주님의 은혜이지요. 여보, 사랑! 사랑으로 삽시다. 주님의 사랑으로! 죽음으로 증명하신 그 사랑. 사랑하오. 양환이 홍환이도! 잘 해줄 것을 믿고 감사! 러뷰.

2013.2.5, 노길상

면회를 마치고

당신을 거기에 두고 나오니 바람이 심하게 불더이다. 택시를 기다려도 안 와서 친절한 버스 아저씨가 잘 안내해줘 터미널까지 잘 왔어요. 근처 김밥 집에 앉아 순두부를 점심 겸 저녁 겸 먹고 5시 40분 차 타고 서울 도착이 9시. 명절 끝이라 조금 밀렸다 하네요. 중대 앞에서 홍환이 만나 마을버스 타고 같이 집으로 왔어요. 정재은 목사님 다음 주쯤 보러 가실 텐데 같이 가자 하셔서 시간이 되면 그리 하겠노라 했어요. 경수 서방님도 전화하셔서 억장이 무너져 못 살겠다 하시며 곧 당신 보러 가겠다고 합니다.

왜 당신이 지금 거기 있어야 하는지, 왜 나는 전주라는 곳에 당신을 두고 와야 하는지…… 그건 담에 주님이 설명하시겠지요. 흰 고무신 신고 돌아가는 당신 모습이 밟혀서…… 주님이 이 시간들, 이 무너지는 마음을 다 접수하고 계시겠지요. 그래도 당신과 마주보며 체온을 느끼게 해주심에 감사합니다.

내일은 하 권사님을 공항에서 만나기로 했어요. 오늘 만나기로 했던 약속이었는데, 내려가시기 전에 얼굴 보고 싶다 하셔서요. 내일은 아무래도 새벽기도를 쉬어야 할 듯 하네요. 육신을 입은 몸인지라. 여보,

당신은 괜찮은지 몰라도, 난 당신이 없으니 안 좋다. 주님이 왜 고아와 과부에 대해 각별한 마음을 가지셨는지 아주 조금 이해가 된다. 난 돌아올 남편을 가졌는데도 마음이 이런데, 진짜 과부는 어떨꼬? 이 일이 다 지나고 나면 그들을 돌아보고 위로하는 일에 소홀하지 말아야겠다 생각해요. 주님이 일어나셔서 일하시기를 목마르게 기다립니다. 당신과 마주앉아 누리던 일상이 얼마나 소중한 시간인지…… 주님 품 안에서 단잠 자소. 사랑합니다.

2013.2.12, 황혜연

영광을 드러내시옵소서!

토요일입니다. 당신 없이 세 번째 주일을 맞습니다. 어젯밤에 보내온 옷과 소지품을 챙기면서 단장의 고통을 가졌습니다. 와이셔츠 단추를 풀면서 무슨 생각을 했을까, 넥타이를 풀면서는 무슨 생각을 했을까, 491번이 되어가던 그 자리에도 주님은 계셨겠지요?

당신 가고 오늘 처음으로 밥솥에 밥을 하고 닭볶음탕을 해서 홍환이랑 점심을 먹었네요. 20여일이 어떻게 지나갔는지! 씩씩하게 아무 일도 없는 것처럼 살려고 애쓰고 있습니다.

오늘 묵상은 로마서 3장 24~26절, "예수의 속량함을 믿는 자는 의롭다 하심을 얻는 자 되었느니라 하셨는데, 주님, 저희들은 누가 봐도 지금 죄인의 모습입니다" 했더니, 소경된 자를 향해 사람들이 자신의 죄인지 부모의 죄인지를 물었을 때, 예수님 말씀하시기를 누구의 죄도 아니며 주님의 영광을 드러내기 위함이라, 말씀해주셨습니다. "그렇다면 주님, 주님의 영광을 드러내시옵소서! 그런 도구로 사용하시니 감사합니다" 했지요.

누가복음 1장 31절, "마리아여! 무서워하지 말라! 하갈아 무슨 일이냐! 두려워하지 말라!" 하시면서 로마서 8장 31~39절의 말씀을 다시 주셨습니다. 아멘!

　양환이는 도서관에, 홍환이는 밖으로, 혼자 있습니다. 힘을 내서 저녁을 먹을 것이고, 주님께 당신을 의탁하고 잠자리에 들 것입니다. 내일은 주일이기 때문에 의지적으로 주님을 기뻐하겠습니다. 하루 종일 주님만 생각하도록 애쓰겠습니다. 간간이 전화를 드리지만, 내일 아침에 당신이 전화하는 시간에 부모님께도 전화를 드리겠습니다. 오늘내일 편지 배달이 안 될 것이고, 월요일에 한꺼번에 받아보는 기쁨 누리겠네요, 당신.

　이제 추워도 그 속에 봄이 오고 있음을 느끼고 있습니다. 지금 이 시간도 그런 시간이라 생각하며 믿습니다. 앞에 푸르지오 아파트의 불빛이 참 예쁩니다. 이 모든 것 다 당신과 함께라면 더 좋겠습니다. 혼자 드리는 옥중에서의 예배를 주님께서 아름다운 제물로 흠향하시리라 믿으며, 내일 예배 가운데 성령님을 통해 만나요. 여보, 사랑합니다.

2013.2.16, 황혜연

내가 가는 길을 그가 아시나니

　예수, 찬양! 사랑하는 아내여, 당신 편지 세 통 받은 월요일. 고맙소. 오전에 TV에 몰타 나오던데, 우리가 거기에 있었다는 것, 사도행전에 몰타가 나온다는 것, 같은 방 사람들과 나눌 수는 없었지만, 서울에 있는 당신을 많이 생각하였고, 우리에게 아름다운 추억을 많이 주신 주님께 감사했소.

　어제는 당신과 걸었던 송정과 해운대의 문탠길을 다시 걸었소. 그리고 간혹 아름다운 시간들을 떠올리면서 혼자 흐믓하게 웃지요. 그러고 보니 벨기에에서 차 전복 사건 때, 거기에서 나의 생명을 건지신 주님은 지금도 우리의 하나님이시고 이 일을 통하여 영광을 거두실 것을 믿고 감사를 드립니다. 그 사건을 한동안 잊고 있었는데, 그 하나님을 다시 일깨워주시니 감사를 드립니다. 그것보다 어려운 일도 많았지요. 언제나 함께하시고 선한 길로 인도하신 하나님을 찬양, 찬양!

　그리고 대학 졸업 시즌, 당신 곁에 있고 싶어 했던 것 기억나요. 얼마나 당신을 그리워했었던지. 나는 당신을 만나고서야 '사람답게 살아야겠다'고 생각을 하기 시작했지요. 주님의 철저한 개입과 인도하심으로 여기까지 왔네요. 나는 당신만으로도 충분히 행복하고 하나님의 복을 받은 사람입니다. 고맙소!

'씩씩하게 아무 일도 없는 것처럼 살려고 애쓰는 것', 그것이 바로 믿음이지요. 오늘은 이재철 목사님의 《성숙자 반》에서 '믿음' 부분을 다시 읽었습니다. 지금 우리에게 요구되는 것이 믿음이기에.

고린도후서 6장 9~10절, "무명한 자 같으나 유명한 자요 죽은 자 같으나 보라 우리가 살고 징계를 받은 자 같으나 죽임을 당하지 아니하고 근심하는 자 같으나 항상 기뻐하고 가난한 자 같으나 많은 사람을 부요하게 하고 아무것도 없는 자 같으나 모든 것을 가진 자로다." 아멘! 아멘!

천지를 창조하신 하나님께서 우리 속에 계시는데 우리가 무엇을 걱정하겠소. 그 믿음으로 삽시다. 주님께서는 우리의 믿음을 보시고 기뻐하시고 자랑스러워하실 것이오. 당신이 아미동에 전화 드리고 힘이 되어드려서 고맙소. 어머님 걱정과는 달리 제 속은 "정말 편안합니다." 이 평강이 어디서 오는 것인지 나도 놀랍소.

새벽기도, 여전하시다니 감사. 옆 동 장로님과 권사님께도 감사. 양환이는 중앙교회 새벽기도 가는지? 혹 학원비나 강의비 필요하면 지원해주길 바라오. 홍환이, 여유를 가지고 믿음으로 업무에 임해주기를 빕니다. 훌륭한 아들들 주신 것이 감사해요. 아버지 하나님께서 마음껏 쓰실 수 있는 온유하고 겸손한 주님의 일꾼, 강하고 담대한 주님의 용사가 되기를 또다시 간구드립니다. 아멘!

여러 사람들이 관심을 가져주고 찾아주고 하여서 이곳 생활은 좋습니다. 훨씬 더 열악한 환경에서 오랫동안 지내는 장기수도 있고, 출소를 한 후에도 찾아갈 집도 친지도 없는 사람이 있다는 것, 여기서 알게 되었소. 우리가 얼마나 누리고 살았는지. 오늘 북한에 대한 책을 읽었소. 한때 서울대 운동권에 있다가 전향하여 지금은 북한 인권을 위하여 일하는 사람의 책을 읽으면서, 우리가 잊고 지내지만 이 시간에도 참을 수 없는 고통 속에서 희망 없이 살아가는 많은 이웃들이 이 땅에 있다는 것을 생각해봅니다. '우리끼리 잘 먹고 잘 산다'는 것이 얼마나 편협한 생각인지, 나아가 주님과 상관없는 삶인지에 대해 생각해봅니다. 그동안 '혼자 잘 먹고 잘 살자' 하면서 달려오지 않았나, 생각 드네요.

여보. 잘 지냅시다. 사람들은 TV에 집중하고 있고, 나는 이렇게 펜을 들고 당신과 이야기를 나누고…… 하루 중 가장 기쁜 시간이오. 주님께서 우리의 증인이 되시고, 당신과 나를 믿음으로 묶어주시니 감사. 감사! 모든 것이 주님의 은혜이고 사랑입니다. 주님께서 친히 인도하셨다는 우리의 신앙고백이 온전히 이루어지기를 기도드립니다. 당신이 보내준 말씀이 힘이 됩니다. "내가 가는 길을 그가 아시나니 그가 나를 단련하신 후에는 내가 정금같이 되어 나오리라." 아멘! 아멘!

여보. 사랑하오! 아이들에게도 나의 각별한 사랑과 기도를 전합니다. 힘냅시다. 예전에 함께하셨던 그 주님은 지금도, 또 영원 무궁히 함께하시기에! 러뷰.

여기서 몇 가지 다짐을 하고 있는데, 우선 단 것, 기름진 것 먹지 않고, 많이 먹지 않는다. 집에 있을 때 설거지는 반드시 내가 한다. 운동(팔굽혀펴기 100개, 복근운동 등)을 매일 꼭 한다 등. 제 인생에 유익한 것이 많소. 잘 잡시다.

2013.2.18, 노길상

믿음의 유산을 따라

오늘은 초여름 날씨였습니다. 핸드폰으로 확인해봤을 때 21도까지 올라갔습니다. 어떻게 갑자기 이렇게 날씨가 바뀔 수 있는지 모르겠네요.

오전에 홍환이와 함께 자전거를 타고 한강에 나갔습니다. 자전거를 오랜만에 타서 그런지 허벅지가 너무 당겨서 잠실 종합운동장까지만 가서 저는 벤치에 누워 있고 홍환이는 뛰었습니다. 오늘 날씨 너무 좋았습니다. 오랜만에 따뜻한 날을 맞아서 많은 사람들이 한강으로 나왔습니다. 자전거 타면서 맞은편에 뛰어오는 아저씨 마라토너들을 보았습니다. 아버지 생각이 났습니다. 모든 아저씨들이 아버지 같아 보였습니다.

아버지, 저는 시험에 불합격했습니다. 이제 덤덤해질 법도 한데 떨어질 때마다 늘 마음이 아픕니다. 그리고 무엇보다 아버지 어머니께 제일 죄송합니다. 물론 아버지 어머니는 미안해하지 말라고 하시겠지요. 어제오늘 쉬면서, 새벽기도 때 하나님께 기도해야지 했는데 그냥 자버렸네요. 내심 하나님께 나아가는 수고와 매달려야 하는 간절한 마음을 외면하고 싶었던 것 같습니다. 그런데 오늘 아버지 편지(3통이 한꺼번에 왔음)를 읽고 눈물로 회개하고 다시 제 마음의 중심을 잡습니다. 내일이 주일인데 전심으로 예배드릴 수 있을 것 같습니다. 그리고 제 머리로 미래를 계획하는 것이 아니라 하나님께 기도하면서 여쭤봐야겠습니다.

어젯밤 어머니께서 많이 낙심하신 듯했고 힘들어 보이셨습니다. 심신이 지친 듯한 모습이셨습니다. 그런데 오늘 아침에 식사를 하면서 다시 회복되셨습니다. 지금 당장 당한 일도 아닐 뿐더러 하나님께서 일하실, 하나님께서만 일하실 수 있는 상황이 되었다고 말씀하셨습니다. 하나님의 일하심을 기대하신다면서 오늘 일어나셨습니다. 오후에 현충원 산책도 다녀오셨답니다. 진짜 저희 어머니는 어머니 중의 어머니이십니다. 아버지와 어머니의 믿음의 유산을 잘 이어나가겠습니다.

지금 6시가 넘었는데도 해가 중천에 떠 있고 날씨도 따뜻해져서 창문을 열어 놓았습니다. 봄이 왔습니다. 우리 가정에도 봄이 왔습니다. 아버지, 저는 낙담하지 않습니다. 하나님을 바라봅니다. 아버지, 내일 예배 때 하나님 만나시기를 기도합니다. God bless.

2013.3.9, 노양환

그분의 일하심을 기대하며

아버지, 평안하신지요? 편지를 쓰면 아버지를 빨리 못 볼 것 같은 느낌 때문에 첫 번째 편지가 이렇게 늦었습니다. 어제는 정말 완연한 봄날씨였는데, 오늘은 다시 쌀쌀해졌습니다. 전주는 더 남쪽에 있어 날씨는 따뜻하겠군요. 저는 회사를 잘 다니고 있습니다. 매일 반복되는 것 같아 가끔 지루하게도 느껴지지만 이런 하루하루가 쌓여서 튼튼한 기초가 될 것이라 믿고 열심히 살고 있습니다.

아버지는 그곳에서 어떻게 지내시는지 편지를 통하여 소식 듣고 있습니다. 편지에 담지 못하는 어려움도 있을 테지만 잘 이겨나가시도록 기도하겠습니다. 처음에는 아버지의 빈자리가 크게 느껴졌지만 이제는 그 부재를 슬퍼하기보다는 저의 일상을 최선을 다해서 살아나가려고 하고 있습니다. 처음에는 어떻게 이런 일이 우리 가정에 일어났나 원망스러웠지만 이제는 이 일을 통하여 어떤 결과가 있을지 기대합니다.

내일은 한 주를 시작하는 월요일입니다. 회사에 가서 짧지만 큐티 시간을 가지려고 노력하고 있습니다. 서울의 일들은 걱정하지 마시고 평안한 시간 보내세요. 어머니 정말 대단한 여자이십니다. 많이 힘드실 텐데 내색 안 하시고 차분하게 많은 일들을 해나가고 계십니다. 다만 걱정이 되는 것은 요즘 들어 살이 많이 빠졌다는 것입니다. 그래서 억지로라도 많이 드시게 하고 있습니다. 회초리로 많이 맞았던 개나리 가지에 꽃이 피기 전에 아버지를 뵙기를 소망하며 이만 줄이겠습니다.

2013.3.10, 노홍환

하나님 여호와로 인해

　예수, 찬양! 혜연, 그리운 이름이여. 주일 저녁입니다. 구름 한 점 없이 푸른 봄 하늘이네요. 방이 따뜻하니 온종일 창문을 열어놓고 있어도 춥지가 않네요. 예배는 잘 드렸나요? 청년부 4부 예배와 1~3부 예배, 시간마다 기도하면서 그 시간들을 기억합니다.

　아침 예배는 야고보서 5장 7~11절을 나누었습니다. '환난 중의 오래 참음' 이란 주제입니다.

　"보라 인내하는 자를 우리가 복되다 하나니, 너희가 욥의 인내를 들었고 주께서 주신 결말을 보았거니와, 주는 가장 자비하시고 긍휼히 여기시는 이시니라." 말씀으로 은혜를 나누었습니다. 제 자신에게 은혜가 되었습니다. 그리고 읽은 사무엘상의 말씀. 다윗은 정말 많은 고난과 생명의 위협 속에서 여기저기를 쫓겨 다녔네요. 사울은 왜 그리 다윗을 죽이려고 눈에 불을 켜고 쫓아다녔는지?

　"주님, 죄송합니다. 제가 잠깐 주님의 마음을 헤아리지 못하고 주님께 섭섭한 마음을 가졌습니다. 제가 믿음으로 선하신 주님을 바라봅니다. 주님, 제 마음을 붙잡아 주십시오" 하며 기도드렸습니다. 사무엘상 30장 6절, "백성들이 자녀들 때문에 마음이 슬퍼서 다윗을 돌로 치자

하니 다윗이 크게 다급하였으나 그의 하나님 여호와를 힘입고 용기를 얻었더라." 아멘!

다시 마음을 추스르고 주님을 바라봅니다. '성경과 5대 제국'에서 앗수르, 바벨론, 페르시아, 헬라, 로마의 대제국에 대한 하나님의 역사하심을 통하여 중요한 것을 깨달았습니다. 인간의 생사화복뿐 아니라 인류의 역사를 주관하시며 대제국의 흥망성쇠를 주장하시는 그 하나님께서, '믿음의 명문가'를 이루시는데 무엇이 걸리겠습니까? 수천 년의 역사를 하루같이, 한순간같이 여기시며 수많은 인간의 계략과 야망을 썼다가 지우시는 만군의 주 여호와 앞에서 우리의 계획은 얼마나 덧없고 허망한 것인지…… 다시 머리를 숙였습니다.

여보, 힘냅시다. 다윗이 절망의 순간에 '하나님 여호와로 인해' 힘을 얻었던 것처럼, 주님의 이름으로 일어납시다. 하나님의 선하심과 인자하심을 바라봅시다. 당신과 양환, 홍환이에게 또 우리 집안 모두에게 그분은 만군의 주 여호와이시며, 우리의 목자이십니다. 선한 목자이십니다. 우리 집안을 믿음의 명문가로 세우시려는 주님의 크신 계획 앞에 잠잠히, 항상 기뻐하며 쉬지 말고 기도하며, 범사에 감사하며 삽시다. 지나간 시간과 현재의 상황으로 인하여 주님의 선하심과 인자하심을 의심치 맙시다. 주님은 주님의 때에 주님의 방법으로 주님의 영광을 위하여 이루시고, 우리 모두를 주님의 깨끗한 신부로 세우실 것입니다.

'5대 제국'에서 끝부분을 인용하면서 펜을 놓습니다. "애굽을 비롯한 5대 제국들은 모두 그들의 제국이 영원하기를 꿈꾸었습니다. 그러나 제국들은 하나같이 멸망하는 것을 보았습니다. 세월이 지난 후, 많은 사람들이 예수님을 다윗의 자손이라고 부르는데, 예수님은 이를 받아들이신 후, 스스로를 일컬어 '사람의 아들'이라고 낮추셨습니다. 그리고 당신을 더 낮추셔서 하나님의 공의의 심판대, 십자가에 오르셨습니다. 십자가는 한 개인과 모든 민족을 향한 하나님의 세계경영입니다."

여보, 그러네요. 십자가의 주님을 잊지 맙시다. 문제와 상황을 묵상치 말고 십자가의 주님, 부활의 주님을 묵상합시다. 아침 예배 때 나눈 말씀입니다. 이번 한 주간도 승리합시다. 십자가의 주님과 함께. 사랑하는 아내여!

2013.3.10, 노길상

마가의 다락방 되기를

여보, 금식 승리하였으리라 믿습니다. L형제는 어떤가요? 저녁은 뭘 먹었는지? 흰죽이 좋은데. 한 이틀 조리 잘 하시기 바랍니다.

오늘은 토요일입니다. 새벽기도 마치고 계단을 내려오는데 저 밑에서부터 눈물이 꿀렁꿀렁 솟아요. 당신이 많이 보고 싶습디다. 그래서 쭉 걸어오면서 "주님, 그냥 남편이 보고 싶습니다. 남편이 보고 싶습니다……" 산길을 걸어오며 내내 당신과 걸었던 시간들을 추억하며 왔습니다. 아이들과 늦은 아침 먹고 있는데 연흠 엄마가 점심 먹자 해서, 늦은 점심 먹고 차 마시고 5시쯤 장 봐서 왔습니다. 양환이가 일찍 와서 청소를 하길래 나는 화장실 청소하고, 집안이 깨끗해졌습니다. 베란다에 있던 못난이 고구마는 주인이 없는 통에 썩어서 오늘 다 버렸습니다.

좀 전에 들은 설교, 마가복음 6장 45~52절, 힘겹게 노 젓는 인생에 대한 방관과 개입에 대해서입니다. 하나님께서 다 보고 계시면서도 방관하시는 이유는, 절대적인 신뢰를 가르치기 위함이라 하시네요. 믿음은 현실이고 실제라고 하면서, 내 안에 믿음과 불신이 공존하므로 분초마다 믿음을 붙들어야 한답니다. 저한테 주시는 말씀입니다. 수시로 까불리는 마음…… 믿음을 붙든다는 것은 말씀을 읽고 듣는 거라 하시네요. 환경을 바라보고 가라앉는 베드로도 주님을 바라봤을 때는 물 위를 걸었는데…… 저의 믿음 없음을 고백하며 날마다 말씀 붙잡기를 간절히 소망합니다.

내일은 주일, 그곳에서 드려지는 예배가 마가의 다락방이 되기를 기도합니다. 성령의 불이 떨어지기를 기도합니다. 교도소 전체가 성령의 바람 앞에 압도되길 간절히 소망합니다. 양환이는 뛰러 나갔고, 홍환이는 거창고교 친구들 만나 대진이 집에서 잔다 하네요. 내일 예배드리고 오겠다고 전화했고요. 권사님들 중에는 뜬금없이 당신 외국 나갔냐고 물어보시는 분이 계셔요. 거기가 외국은 아니잖아. 내일은 주님 날, 정말 주님만 생각하면 좋겠는데. 황 목사님, 이 장로님 뵈어야 하고요. 여보, 이제 2라운드가 시작되네요. 주님께서 친히 싸우시도록! 신부는 그가 쉬지 못하도록! 주님만이 높임 받으시도록! 행복한 꿈꾸세요. 신랑 예수님 만나는 꿈, 사랑합니다.

2013.3.16, 황혜연

"내가 한다! 너희들이 어떻게 하든"

봄비가 보슬보슬 내리는 밤에 차창 밖으로 내다보니 문득 몰려오는 외로움 같은 것이 있어요. 양 간사 심방 갔다가 조금 전에 들어왔네요. 아무것도 없이 조그맣게 시작하는 그들을 축복하며, 당사자는 하루 종일 준비했을 것 같은 소박한 음식 먹고, 30여 년 전 우리도 저랬을 텐데…… 당신 금식은 잘 마쳤죠? 뭘 좀 먹었는지, 몸은 어떤지…… 기도할 따름입니다. 주님께서 지켜주시길. 평생 잊지 못할 금식일 겁니다. 오늘도 복음서를 다 펴놓고, 부활 전 날 어떤 일이 있었는지 읽고 묵상했습니다. 예수님을 장사하는 요셉, 니고데모, 두 마리아. 그들은 그들대로 주님께 대한 사랑과 믿음을 표하고 있어요. 즉 주님의 죽음을 받아들이고 있다는 말. 부활을 생각하지는 않고…… 반면 하나님께서는 약속하신 대로 하나님 나라에서 부활을 준비하고 계시고, 그것을 약속대로 이루셨습니다.

우리 일도 그런 것 같습니다. 우리는 우리의 상황에서 주님을 신뢰하며 우리의 할 바를 하고, 하나님은 당신께서 약속하신 말씀을 이루시려고 하나님께서 준비하고 계시고, 결국은 이루실 것이라는 것! 그때 마음속에 주님의 음성이, "내가 한다! 너희들이 어떻게 하든. 마리아, 요셉, 니고데모처럼…… 내가 한다." "내가 약속했고, 나의 열심이, 나의 영광을 위해, 내가 한다," "혜연아! 나니라! 하나님이니라! 내가 너의 아빠니라!" 아멘! 아멘!

내일은 부활주일입니다. 교회를 위해 많은 기도가 필요합니다. 성령님의 인도하심 따라 기도해주세요. 정말 영광의 예배를 드리고 싶어요. 양환이는 공부하러 나갔고, 홍환이는 방금 왔어요. 편지 쓰는데 쫑알쫑알 하네요. 내일 거기 예배, 영광의 예배 되기를 기도합니다. 몸조리 잘 하세요. 난 정상 식사합니다. 내일은 그때 당신이 사준 곤드레로 나물밥 해요. 내가 먹고 싶어서요. 내일 지나고 당신 보러 갑니다. 사랑합니다.

2013.3.30, 황혜연

사랑이 없으면

　예수, 찬양! 사랑하는 혜연! 부활주일 잘 지냈나요? 음악예배였지요. 여기서 J씨와 둘이서 부활절 예배를 드렸습니다. '주님께 영광', '할렐루야 우리 예수'를 부르고, 말씀은 요한복음, 제자들에게 나타나셔서 '평강 있으라', '성령을 받으라', '믿어라', '내가 보낸 곳으로 가라' 등을 나누었습니다. 마지막에 '내게 강 같은 평화, 사랑, 기쁨'을 불렀습니다. 어제 저녁 J선생님이 '내게 강 같은 평화'는 아는 곡이라 하여, 제 찬송가 뒷부분의 복음송에서 찾아 불렀습니다. 은혜로운 부활주일 예배였네요.

　오전에는 날이 꾸무리했는데, 낮에는 계속 날이 맑고 해가 났네요. 지금 저녁 7시가 되어가는데도, 산등성이가 훤합니다. 조용한 주일을 보냈네요. 낮에는 30분간 누워서 쉬었습니다. P사장이 특수부대 출신이라 옛날이야기 듣느라고, 전도 차원에서. 오징어도 씹고 과자도 먹고 하면서 시간을 보냈네요. 그래도 디모데전후서도 읽고 기도시간도 갖고, 《인생승리의 길, 사랑》도 다 읽었습니다. 해긴 목사님의 말씀 중 몇 구절은 아미동 부모님께 안부편지 드리면서 옮겨야겠네요. 우리의 기도가 막히지 않게 하기 위해서는 주님의 사랑으로 사랑을 해야 하며, 원수를 사랑하라는 요지의 말씀입니다. 내일 당신을 볼 것인데, 요즘 낮 시간에 운동을 해서 얼굴이 좀 탔네요. 걱정 마시고. 금식은 잘 마친 것 같습니다. 몸도 잘 회복이 되었습니다. 4월에는 집으로 보내달라고 기도하고 있습니다. 아멘! 당신도 아는 내용인지 모르겠지만, '사랑'에서 몇 구절 옮깁니다.

- 사랑이 없으면 믿음이 역사하지 않는다. 믿음이 역사하기 위해서는 사랑과 연합하여야 한다.
- '하나님은 사랑이시다'는 그와 동일한 사랑으로 사람을 사랑하여야 한다.
- 건강하고 축복된 삶을 살려면 하나님의 사랑으로 계속 사랑하여야 한다.
- 사랑 안에서 자라기 위해서는 기도와 말씀, 주님과의 교제 그리고 우리 속의 그 사랑을 실천하여야 한다.
- 불평을 늘어놓으면 건강하게 살 수 없다.
- 새로 거듭남이란 성령으로 태어나는 것이고, 그때 하나님의 사랑이 우리 마음속에 들어오신다.
- 사랑과 용서 그리고 믿음은 늘 함께 효력을 발휘한다. 기도의 길을 막는 것은 본인 자신이다.
- 하나님께서는 이미 우리 마음속에 용서할 수 있는 하나님의 사랑을 심어 놓으셨다.
- 예수 그리스도 안에는 "오직 사랑으로 역사하는 믿음뿐이다"(갈 5:6).
- 성도의 믿음을 허무는 것은 미처 본인이 제대로 대처하지 못한 작은 죄일 때가 많다. 즉시 회개하고, 용서하고, 즉각 진정으로 믿어야 한다.

- 믿음은 나의 느낌과 상관없이 오직 하나님께서 하신 말씀을 믿는 것이다.
- 건설적인 비판이라 할지라도 남을 욕하는 것은 삼가야 한다.
- "자기 형제를 사랑하지 않는 자는 사망 안에 거하느니라"(요일 3:14).
- 누군가에 대한 미움이 있으면, 아무리 믿음 좋은 사람이 기도해도 아무 역사도 일어나지 않는다.
- 말씀을 행하는 자는 성령의 열매를 맺는다. 계속해서 자신에게 사랑하고 용서하는 사람임을 상기시키는 사람이다. 아멘! 아멘!

어제 운동장을 걸으면서 예전의 부활절이 생각났습니다. 영국에서, 벨기에에서, Mr. Appleby, Jim & Mary, Pastor Clarke, Rosemary…… 브뤼셀한인교회, 행복했던 시간들입니다. 양환이, 홍환이, 우리는 너무 행복했고 주님께서 주신 소중한 은혜의 시간을 가졌습니다. 앞으로도 그러할 것입니다. 그때는 그러한 관계와 사랑이 얼마나 소중한 것인지를 잘 몰랐지요. 운동장에 노란 꽃이 다섯 송이 피어 있었다고 어제 썼지요? 여보, 러뷰! 사랑하며 삽시다. 내일 보자. 잘 자소!

2013.3.31. 노길상

공의로우신 하나님을

사랑하는 내 아들 길상아, 얼마나 황당하고 놀랍고 억울했을까? 무슨 말로 너를 위로하고 그 심정을 헤아리랴. 그러나 우리에게는 살아 역사하시고 공의로우신 하나님이 계시다는 것을 잠시라도 잊지 말아라. 축복을 주시되 고난의 보따리에 싸주시는 하나님, 기필코 너의 결백을 밝혀주실 게다.

고르지 않은 일기에 몸조심하고 긴 날의 영광을 위하여 잠시의 고통을 이기고 견디어 내기 바란다. 어려서부터 모든 것을 잘 참고 이겨내고 지혜로웠던 너, 자랑스러운 내 아들, 든든하고 씩씩했던 너의 어린 시절을 생각해본단다. 우리 걱정은 조금도 하지 말고 기도하면서 잘 지내기를 기도한다. 엄마가.

2013.4.3, 윤여희

그날을 추억하며

올해는 봄이 더디군요. Dear Father! 아버지, 평안하신지요? 서울은 봄이 올 듯 올 듯, 아직 오지 않았습니다. 전주는 남쪽과 가까우니 더 따뜻할 것이라는 생각이 듭니다. 건강하신가요? 식사는 잘 하고 계시죠? 물론 소식하시는 것도 좋지만 건강을 위하여 필수적인 영양소는 꼭 섭취하시길 바랍니다. 저는 2박 3일 그룹연수를 다녀왔습니다. 취업준비를 하면서 원서를 쓰던 것이 정말 얼마 안 된 것 같은데, 입사하여 설레는 맘으로 회사를 나간 지 10개월이나 지났습니다. 그러저러한 월급쟁이가 되지 않기 위하여 몸부림을 치고 있습니다. 때를 맞춰서 나오는 월급은 감사한 일이지만 동시에 도전을 주저하게 만드는 독도 될 수 있다는 생각이 드는 요즘입니다. 저는 기회가 온다면 과감하게 떠나 고생할 마음의 준비를 항상 하고 있습니다. 기도해 주세요.

얼마 전 문득 아버지와 함께 간 주문도 여행이 생각났습니다. 한적한 백사장, 썰물 때 드러난 넓은 갯벌, 섬 한 바퀴를 뛰고 난 후 먹은 아이스크림 두 개, 솔방울에 구워 먹은 삼겹살, 한 마리도 못 잡은 낚시, 너무 더워지기 전에 아버지와 함께 주문도를 다시 가보고 싶습니다. 기회가 된다면 주문교회에서 예배도 드리고, 몇 안 되는 반찬을 차려놓은 교회 점심도 먹고요.

어머니가 가끔씩 사람이 적은 시골에 가고 싶다고 하십니다. 주말에 시간 맞춰서 어머니 주문도 투어 시켜드릴 예정입니다. 다녀오게 되면 편지를 통하여 소식 전할게요. 지금 편지를 쓰고 있는 주일 오후 9시 30분, 서울 흑석동 집은 한 주의 시작인 월요일 준비하느라 그런지 차분한 분위기입니다. 어머니는 아버지께 편지를 다 쓰시고 지금 잠시 TV를 보고 계시고, 형은 교회 끝나고 공부를 하고 왔는지 방금 들어왔습니다. 저는 이만 줄이고 어머니 옆에서 개그콘서트를 보며 아쉬운 주말을 마감하려 합니다. 아버지 건강하시고 곧 뵙기를 소망합니다.

2013.4.14, 노홍환

기다림은 길을 엽니다

예수여! 우리 주님이시여! 할렐루야! 혜연. 조용한 토요일 오후입니다. 오전 8시, 30분간 예배드리고, 잠언 한 번 읽고, 점심 때 면회 나갔다가 면회객이 늦게 온다고 하여 다시 들어와서 점심 먹고, 오후 1시에 나가서 30분간 걷고 들어왔소. 2시 30분에 박 장로님, 윤 집사님, 최 집사님, 허 집사님 오셔서 면회했네요. 새 사람이 되어서 나가겠다고 했고, 박 장로님은 어젯밤 미국에서 돌아오셨는데 여기까지 오셨다네요. 감사하죠.

강준민 목사님의 《기다림은 길을 엽니다》를 읽습니다. "하나님이 주시는 새 힘은 우리를 새롭게 하는 힘입니다. 우리를 새롭게 하시는 분은 성령님이십니다." 하나님이 주시는 새 힘을 날마다 받기 위해서는 새벽마다 하나님 앞에 엎드려 기도해야 합니다. 당신도 새벽마다 엎드리제? 나도 엎드리고 있소.

잠언 4장 말씀 중 7절, "지혜가 제일이니 지혜를 얻으라." 22절, "그것은 얻는 자에게 생명이 되며 그의 온 육체의 건강이 됨이니라." (지혜가 우리의 건강도 지켜주신답니다!) 23절, "…… 네 마음을 지키라 생명의 근원이 이에서 남이니라."

주님의 은혜 가운데 지내고 있습니다. 시간이 잘 가네요. 아침 7시에 밥 먹고 나면 점심, 저녁, 매끼마다 맛있게 먹습니다. 기본적으로 김과 멸치, 김치가 있고 간혹 상추쌈, 돼지고기 찌개, 콩나물무침, 참나물무침, 두부…… 5월의 식단이 좀 변화되었네요. 아무튼 잘 지냅니다. 간혹 간식으로 땅콩, 빵, 최근에는 오렌지가 들어와서 맛있게 먹고 있습니다. 그렇지만 항상 절제하고 있습니다. 운동 열심히 합니다. 최근 체중은 70.5킬로그램으로 늘었네요. 조금만 방심하면 체중은 금방 늘지요. 마당을 걷는데, 운동장이라 하기에는 좁고, 마당이라고 하기에는 조금 큽니다. 봄바람은 세게 불지만 햇살은 따뜻했습니다. 열심히 걷는데 마음 깊은 곳에서 감사와 찬양이 올라왔습니다. 하늘을 쳐다보며 두 팔을 번쩍 들면서 속으로 "할렐루야" 하고 외쳤습니다. 소망이 솟구치는 봄날입니다.

이러한 현실 속에서 감사하고 찬양할 수 있다는 것은 전적으로 주님의 은혜이고, 성령님의 강권적인 역사인 것을 믿고 감사합니다. 당신도 잘 지내소! 주님께서 계시고 살아서 역사하시는 분이시니까 주님의 신실함을 믿기에 우리가 기뻐서 뛸 수 있지요. '기다림은……'에서 몇 구절 인용하며 은혜를 나누고 싶소.

- 고요한 신뢰 가운데 힘을 얻습니다. 늘 내면을 따뜻하게 간직해야 합니다. 침묵하는 훈련을 하십시오. (침묵의 훈련, 하고 있습니다)
- 하나님을 기다리는 사람에게 복이 있습니다. 기다림은 하나님의 지혜입니다. 하나님은 기다림을 통해 우리의 삶을 풍성하게 하십니다.
- 교만한 사람은 쉽게 분노합니다. 모든 것이 자기중심적입니다. 조급합니다. 섭섭한 것이 많고 억울한 것이 많습니다. 교만한 사람은 결

국 패망합니다. 겸손한 사람은 쉽게 분노하지 않습니다. (양환, 홍환에게도

읽어주소)

- 자신을 아는 사람은 명철한 사람입니다. 자신을 다스릴 수 있는 사람
  은 탁월한 사람입니다. 기도는 우리 자신을 보게 하고 감정을 읽게
  하고 분별력을 갖게 도와줍니다.
- 도저히 감사할 수 없는 상황에서조차도 감사의 조건을 찾아내어 감
  사하는 역설적인 감사가 풍성할 때, 감사는 차고 넘치게 됩니다.
- 성숙한 감사는 거절당한 은혜 때문에 드린 감사입니다.
- 기다리면 실패가 성공의 디딤돌이었음을 깨닫게 됩니다.

　다시 읽는데도 은혜가 됩니다. 여보. 내일은 거룩하고 복된 주일이
네요. 당신과 양환 홍환, 아미동의 예배 가운데 하늘의 신령한 복이 임
하기를 간절히 기도드립니다. 내일 또 보자. 좋은 저녁 되시길. 러뷰!

2013.5.4. 노길상

기도해야 할 때

여보, 오늘 수고 많았지요? 강 총장님, 정 목사님 통해 먼저 좋은 소식 듣고, 교회로 가는데 여 변호사께서 전화했습니다. 1심 때 뒤통수 맞은 것 때문에…… 하시면서, 재판이 잘 진행되었고, 희망을 갖고 기다리셔도 좋을 듯 하다고 하십니다. 주님께 감사. 기도 동역자들께 감사. 당신이 그곳 문을 나서는 날까지 기도의 끈을 바짝 당기고 있겠습니다. 방심하지 않고, 깨어서 경성하며. 오전에 기도하는데, 어찌나 울게 하시는지! 눈이 붓도록 오전 내내 울고, 시편 27편을 계속 선포하며 주님의 일하심을 목도하게 해달라고 기도했습니다. 사람들이 하나님의 역사하심을 보게 해달라고 기도했습니다. 당신을 돌려 보내달라고 기도했습니다. 스치는 그림, 당신 그곳에서 양복을 벗고 491번 옷으로 바꿔 입는 장면을 거꾸로 돌리시는 그림이었습니다.

수요예배 갔다 와서 나도 죽 한 그릇 먹고 문자 사역 합니다. 다들 기뻐하시며 주님께 영광을 돌립니다. 내일은 복지부 직원 몇 분이 특면을 간답니다. 이광식 선생도 같이 간다고 연락이 왔네요. 6월 19일이라죠? 선고는 7월이고요. 여태껏도 기다렸습니다만, 방법이 있다면 찾도록 하겠습니다. 담주에 어느 날 훌쩍 당신 보러 가겠습니다. 내일은 종선 씨 심방 가려고 해요. 오늘은 교회에서 비보가 날아들었습니다. 중국교포 모녀가 투신했다고요. 딸도 청년부에 나오는 자매인데, 우울증이 심했답니다. 가슴이 무너지는 것 같아요. 교회와 청년부를 위해 기도했습니다. 죽음과 어둠의 영이 흘러들어오지 않도록. 십자가의 보혈로 덮어주시길 기도했습니다.

여보, 마지막 때인 것이 분명합니다. 더욱 깨어 경성하며 기도해야 할 때인 것 같습니다. 새벽을 더욱 진지하고 성실하게 지키며 기도하겠습니다. 단잠 주무세요. 사랑합니다.

2013.5.15, 황혜연

다윗을 지극히 사랑하신 하나님

예수, 찬양! 사랑하는 아내여, 편지 네 통 잘 받았고, 잘 읽었소. 기도할게요. 나도 편지 네 통 보냈소. 월요일이네요. 감사하오. 요즘 당신이 느끼고 받은 은혜가 나하고 비슷하다는 생각이 드네요. 동일하신 성령님께서는 어디에나 계시니까요. 우선, 양환이 백주년교회 간 것 고맙고, 주님의 은혜라 여기오. 이재철 목사님 안 계신 것, 그 또한 은혜로 받고 당신 말대로 기도할게요. 홍환이 소식도 감사합니다.

무죄와 소명, 이후의 시간들에 관한 것들 모두 저도 동일한 말씀과 비전을 가지고 있습니다. '우리 인생에 다시없을 이 시간을 소중히 지냅니다……' 맞습니다. 일상생활의 승리자와 감사자로 살아야 할 것, 동일한 말씀을 주셨소! 우리 인생을 풍성케 하시는 주님을 찬양합니다. 주님은 위대하시다! 교회를 위해 하나님께 더 열심히, 더 사랑으로, 더 간절히 기도해야겠지요. 여보, 사랑으로 참고 견디면서 주님의 긍휼과 자비를 간구드립시다.

오늘 '생명의 삶'은 시편 140편 다윗의 시였소. "원수들을…… 깊은 웅덩이에 그들로 하여금 빠져 다시 일어나지 못하게 하소서"는 아침에 읽은 창세기 요셉의 이야기와 연관이 되었어요. 요셉을 웅덩이에 빠뜨

린 형들은 평생 그 웅덩이에 빠져 살았던 것이지요. 마지막에 하나님께서 해피엔딩으로 복을 주실 때까지. 그리고 다윗이 하나님의 사랑을 받은 자인 것은 자기 죄에 대하여 회개하고 주님께 용서를 받았기 때문인데, 그 시절에 다윗과 같은 죄를 지은 사람이 한둘이었겠습니까? 그런데, 하나님은 유독 그의 죄만 밝혀서 부끄럽게 하고 회개하고 돌아오게 하셨지요. 왜? 그것은 하나님께서 다윗을 지극히 사랑하셨기 때문이라는 것이지요. 저 역시 오늘 아침 그것을 깨달았습니다.

　당신도 썼지만, 주님의 징계조차 사랑이고, 우리를 근심케 하는 것이 본심이 아니라는 것, '아멘'입니다. 저는 정말 감사드리며 찬양하며 살고 있습니다. 당신도 힘내시고, 양환, 홍환도 주님의 지극하신 사랑과 인도하심을 마음껏 누리고 살도록 하세요. 당신도 누구를 만나든 특히, 교회에서 다윗과 같은 하나님의 사랑 받는 자녀로서 행하며 삽시다. 여보, 주님의 사랑과 인내에 우리도 깊이 잠깁시다. 어제 쓴 편지가 있어서 오늘은 이만. 승리합시다. 할렐루야! 러뷰!

2013.5.20, 노길상

오직 하나님의 은혜

여보, 뭐해요? 나는 양환이랑 저녁 먹고(당신은 금식 중일 텐데) 설거지해 준다 해서 편지 씁니다. 오늘도 화창하고 청명한 날이었습니다. 오후에 양육하고 숭실대 쪽에서 걸어오는데, 목덜미는 따끈하고 바람은 시원했어요. 양환이는 오늘 대천 결혼식에 다녀왔습니다. 동기 주선이가 대천 시댁 쪽 교회에서 결혼식을 하는 바람에 갈까 말까 망설이더니, 목사님과 같이 갔다 왔어요.

오늘 묵상은 고린도전서 15장 1~11절 중 10절입니다. "그러나 내가 나 된 것은 하나님의 은혜로 된 것이니 내게 주신 그의 은혜가 헛되지 아니하여 내가 모든 사도보다 더 많이 수고하였으나 내가 한 것이 아니요 오직 나와 함께하신 하나님의 은혜로라." 제목은 '오직 하나님의 은혜', 그렇습니다. 주님! 제가 지금 이렇게 살 수 있는 것, 저의 저 됨이 하나님의 은혜입니다. 그 은혜가 너무 크고 감사해서 수고하는 것에 대해 아무 불평이 없어야 하는 자입니다. 수고할 수 있게 하신 것 또한 주님의 은혜이기 때문입니다.

찬송, '만입이 내게 있으면 그 입 다 가지고', "은혜를 기억하라! 은혜를 기억하면 감사가 넘칠 것이고, 감사는 곧 능력이라" 하십니다.

"은혜로다, 주의 은혜. 날 살리신 주님의 크신 은혜라." 양환이와 요즘 영적인 대화가 됩니다. 집에 같이 있게 하신 은혜도 감사합니다. 홍환이와도 이런 시간이 오기를 소망합니다.

내일은 새신자 초청잔치라, 일찍 나가서 종일 있다가 와야 합니다. 접수 보라 하셔서 그리하겠다고 했습니다. 어제 리허설도 했고요. 양환이는 내일도 아침에 어디 예배하러 갈 모양입니다. 참 귀한 아이입니다. 오늘도 밥 먹으면서, 아빠와 엄마의 사랑에는 부족함이 없었다고 말하네요. 거기서 드리는 예배, 주님의 임재가 충만할 것입니다. 내일을 위해 좀 일찍 씻고 누워야겠어요. 6월은 승리의 달입니다. 오늘 새벽에 선포된 말씀, '여호와 닛시!' 복된 주일 되시길. 사랑합니다.

2013.6.1, 황혜연

고통에는 뜻이 있다

예수, 찬양! 혜연. 수요일 오후 4시가 되어가네요. 창밖에는 더운 여름의 뭉게구름이 떠 있네요. 저는 점심 먹고 신문 좀 읽고, 졸리는 눈을 부라리고 성경을 읽었습니다. 커피도 마셔가면서 잠을 쫓았습니다. 요즘 새벽 4시 조금 지나면 일어납니다. 한 50분 기도하고, 5시 30분쯤 씻고 말씀을 보지요. 낮에 졸지 않아야 밤에 잘 자니까, 눈을 부릅뜹니다. 당신 편지(6.4 화) 잘 받았소.

여기 나가서 무엇을 할 것인가, 우리가 뼈를 묻을 곳이 어디인가에 대해 주님께서는 이미 저에게 말씀하셨고, 며칠 전 편지에 쓴 대로, "저는, 아니 우리는 주님 손잡고 갈 것입니다. 기쁨으로 감사함으로 찬양하면서 갈 것입니다"라고 고백했습니다. 지금까지 하루하루 성실하게 하던 것처럼, 그냥 함께 가는 것이지요. 주님께서 십자가를 지실 때 그리하셨던 것처럼 말입니다.

현충원은 낮에 걷는 것도 좋지요. 당신도 몸의 말을 듣지 말고 주님의 음성에 따라, 주님과 함께 몸을 움직여야 합니다. 땀도 흘리고. 아침에 30분 걷는 것도 땀이 나네요. 걷고 나서 찬물에 샤워를 하면 참 시원합니다. 물이 아주 찹니다.

당신이 어려운 중에 살림하느라 수고가 많소. 우리의 필요를 다 아시는 주님께서 늘 풍성케 하심을 감사드립니다. 여기뿐 아니라 거기에도 주님의 손길이 늘 신실하게 함께하심을 믿습니다. 오늘 홍환이를 위한 기도를 합니다. 하나님께서 홍환이를 크게 쓰시고 더 큰 감사와 기쁨을 주시기 위한 것임을 압니다. 홍환이를 부르고 계시고 다루고 계시는 주님을 찬양합니다.

어제부터 옥한흠 목사님께서 쓰신 《고통에는 뜻이 있다》를 읽고 있습니다. 초판이 1983년에 나온 걸 보면, 제가 교회 나간 지 얼마 안 되어 아미동에서 읽었던 것입니다. 고통은 '변장된 축복'이라는 정도만 기억이 나는데, 그 당시 교회에 나간 지 얼마 안 되었고 성경과 믿음에 대한 지식은 말할 것도 없고, 인생의 고통에 대한 인식 자체가 없었기에 별다른 감흥이 없었지요. 며칠 전 건강보험공단 노조부위원장이 "잊지 않고 기도하겠습니다"라는 글을 써서 넣어준 것인데, 찬찬히 읽으니 참 은혜가 되고 예전에 미처 깨닫지 못했던 많은 통찰이 있습니다. 역시 신앙의 대가로서의 경륜이 느껴지고, 무엇보다 하나님과 가까이 계셨던 분이라는 마음이 듭니다. 몇 가지만 옮겨봅니다.

- 신약의 많은 경건한 자들의 기쁨은 고통 대신에 얻은 대용품이 아니라, 고통이 그대로 남아 있는 그 자리에 찾아온 기쁨입니다. 가시와 함께 찾아온 기쁨, 예수님께서는 십자가의 죽음이 주는 고민과 두려움을 그대로 안고서도 "내 기쁨이 너희 안에 있어 너희 기쁨을 충만케 하려 함이니라"(요 5:11) 하셨습니다.
- 자신의 약함과 한계를 몸소 체험한 사람만이 교만하지 않고, 겸손할 수 있습니다.

- 찬양과 기도의 두 사닥다리를 타고, 우리의 마음이 하늘에 가 있으면 뜻대로 되지 않는 현실에서도 불평이나 욕구불만에 허덕이지 않습니다.
- 루마니아의 어느 목사님이 쓰신 글 중, "14년 동안 감옥에서 독방생활을 하다 풀려나는 날 아침에…… 너무 긴 것으로 여겨지지 않았던 것은…… 갇혀 있으면서도 믿음이나 사랑을 넘어선 어떤 기쁨을 하나님 안에서 발견했기 때문입니다."
- 시편 31편 14절, "여호와여 그러하여도 나는 주께 의지하고 말하기를 주는 내 하나님이시라 하였나이다." 아멘!
- 광야에서 기도, 영의 눈뜸, 십자가 발견, 쓴물이 단물로 변하는 체험을 하게 됩니다.
- 풍랑 가운데서, 고난의 이유를 찾아다닌다면 미쳐버릴 것이다. (고난의 이유, 왜? 라고 묻지 말라. 예전 Appleby 할아버지가 자기 큰아들 David이 죽었을 때 하나님께 'Why?' 라고 묻지 않았다는 이야기가 떠오릅니다.) 모든 것을 인정해야 한다. 하나님이 내 인생의 계획자이시고 인도자임을 인정하라. 전적으로 하나님께 위탁하라. 믿음을 가진 사람에게 인생은 수수께끼가 아니다. 얼마 안 가 그리스도 안에서 모든 것이 분명해진다. 풍랑 속에서도 하늘의 별을 세며 내일을 향하여 힘차게 전진할 수 있습니다.

여보, 수요 저녁 예배네요. 좋은 시간 되시길. 이 편지는 내일 현충일인 관계로 금요일에 함께 갑니다.

2013. 6.5, 노길상

임종예배에 다녀와서

　여보, 오늘 새벽에 종선 씨가 천국으로 갔어요. 오전에 심방 가려고
했는데, 연락이 왔어요. 교회에 알리고, 10시에 임종예배 다녀오고요.
가서 젊은 남편과 병원 뒷바라지해온 친정아버지를 보니 눈물이 쏟아
져서 많이 울었네요. 간 사람은 주님 품에 영원한 안식에 들어갔지만,
남은 저 사람들은 어쩌나 싶은 것이, 문득 그런 생각을 했어요. '저 젊
은 죽음을 누군가 대신 갈 수는 없을까?' 하는 황당한 생각을 하는데,
'아! 그렇게 되면 이 세상에는 엄마는 다 없어지겠구나' 하는 깨달음이
오네요. 내일은 입관예배, 모레 월요일에 발인인데 저는 양해를 구했
습니다. 당신 보러 가려고요. 우리도 늘 죽음을 준비하며 삽시다.

　오늘 상가에 있는데 염 단장님이 전화 주셔서 당신 면회하고 왔노라
했습니다. 감사하다고 했고요. 부랴부랴 저녁 손님맞이, 아이들 여섯
명하고 난리북새통을 치다가 좀 전에 갔어요. 당신이 없는 자리가 생
각보다 크네요. 우선은 미안하다 했고, 있는 자리에서 지금은 기도하
며 나부터 최선을 다하자 했습니다. 홍환이가 벌겋게 태워서 돌아왔습
니다. 내 영양크림도 사오고요. 양환이는 당분간 기도하며 지켜볼랍니
다. 지도 생각이 있다니까…… 생각만 하지 말고 바짝 기도하라 했습니

다. 좀 치열한 모습이 있어야지. 이대로는 아니라는 것은 확실합니다. 삶이든 공부든 신앙이든, 80퍼센트가 아닌 120퍼센트의 간절함이 이 아이에게 필요하다는 생각이 듭니다. 기회 봐서 진지하게 얘기를 나누어볼 참입니다. 홍환이도 비전을 가져야겠다고 하네요. 대리 되고 과장 되고 월급 오르면 좋아하고…… 이런 생활에 자신의 인생을 바치기에는 아깝다 하네요. 혼자 먹고사는 인생이 아니라고 김동호 목사님께서 말씀하셨다네요. 온 가족이 주님 앞에 비전을 새롭게 하는 시간인 것 같습니다. '믿음의 명문가'가 그냥 이루어지는 건 아닌 것 같아요. 식겁잔치.

낼 오후에는 입관예배 갔다가, 청년 셀 저녁식사 초대, 죽기 아니면 까무러치기로 바쁜 하루 될 것 같습니다. 영주 집사가 설거지 다 해주고 가서 그래도 편해요. 챙겨 놓고 자야지요. 주님의 은혜를 구하며. 당신이 드리는 예배 위에도 주님의 영광이 임하시길! 사랑합니다. 편히 주무세요.

2013.6.15, 황혜연

금식, 놀라운 변화를 기대하며

할렐루야, 하나님의 영광을 위하여! 혜연, 하나님의 성령은 어쩌면 이렇게 정확하실까? 나도 어제의 편지에 '하나님의 영광'에 대하여 썼고, 오늘 하나님의 영광을 구하기 위한 금식을 결정했습니다. 내일부터 금, 토, 일 3일간 금식을 하면서 하나님의 영광, 하나님의 임재, 성령님 그분을 직접 뵙기를 간구할 것입니다. 다른 기도 제목은 없습니다. 오직 하나님의 영광을 위한 것입니다. '하나님의 영광'의 의미와 그것이 제 삶에 어떠한 영향을 미치고, 제 삶이 그것에 의하여 어떻게 되어야 할 것인가에 대하여 직접 알고 싶습니다.

당신 편지(6월 26일 자)에도 있듯이 "선고 위에, 당신, 우리, 교회, 나라 위에 하나님의 영광을 아는 빛을 비추어 주십시오." "더 크게 나의 영광을 구하라!" 하셨다고요. 맞습니다. 제가 구하는 것이 하나님의 영광입니다. 주님께서 그렇게 말씀하셨다고요, "이제 눈이 좀 뜨이니?" 라고요. 맞습니다. 저는 이제 눈이 뜨였습니다. 내일부터 3일간 오로지 '하나님의 영광'을 구하겠습니다. 신약 성경을 다시 읽으면서 '하나님의 영광'을 집중하여 보겠습니다.

당신이 인용한 고린도후서 4장 6절, "어두운 데에 빛이 비치라 말씀하셨던 그 하나님께서 예수 그리스도의 얼굴에 있는 하나님의 영광을 아는 빛을 우리 마음에 비추셨느니라." 아멘! 제가 구하는 것은 이론적이고 책에 있는 문자로서의 하나님 영광이 아니라 제 삶으로, 일상생활에서 제가 느끼고 만지고 보고 깨닫게, 저에게 직접 임하시는 하나님의 영광을 구하는 것입니다. 위하여 기도해 주시오. 이 하나님의 영광은 우리 모두에게, 교회에, 복지부에, 이 나라 이 민족 위에, 이 땅에 이루어져야 하고, 비추어지며, 부어져야 할 '부흥'입니다. 저도 전적으로 동감합니다. 더 크게 크게 주님의 영광을 구하겠습니다.

오늘 읽은 베드로전서 5장 10절, "모든 은혜의 하나님 곧 그리스도 안에서 너희를 부르사 자기의 영원한 영광에 들어가게 하신 이가 잠깐 고난을 당한 너희를 친히 온전하게 하시며 굳건하게 하시며 강하게 하시며 터를 견고하게 하시리라." 아멘! 양환이와의 이야기에 하나님의 복이 임하기를 기도드립니다. 양환이가 하나님의 영광을 보기를 간구드립니다. 홍환이도 주님과 동행하는 나날이 되기를 기도합니다. 혜연, 당신은 좋은 어머니이고 참 귀한 아내입니다. 고맙소.

오늘 같이 있던 P사장(군에서 세례받고, 한때 신앙생활을 했던)이 집행유예로 나갔습니다. 아침 예배에는 그의 신청을 받아 '태산을 넘어'를 불렀지요. 어젯밤 잠을 못 이루던 P사장, 밤새 모기를 잡았던 44세의 가장, 나가면 꼭 예수 믿으라고 부탁과 강권을 하였지요. 마음은 착한데, 결단이 없으면 늘 그렇게 살아가야 하는 불쌍한 인생인데 그것을 모르고 살아가네요. 믿으나 믿지 않으나 주님께서는 우리 모두를 긍휼히 여기시지만, 믿지 않고 사는 인생이 얼마나 고달픈지, 안타깝습니다. C씨 항소심 반성문, 오후에 썼네요. 이번엔 쓰기 전에 기도하면서 썼습니다. 사람의 노력이 아닌 하나님의 긍휼하심과 역사하심이 있기를 간구드렸습니다.

　사랑하는 아내여! 저도 이번 금식이 기대가 됩니다. 하나님의 영광을 직접 뵈옵고 찬양하며 감사하며, 제 인생이 전적으로 새로워지는 변화와 놀라운 역사가 있기를 기대합니다. 당신이 준 고린도후서 4장 6절과 베드로전서 5장 10절 말씀을 붙잡고 기도하겠습니다. 이번 금, 토, 일이 기대가 됩니다. 할렐루야! 놀랍도록 당신과 나를 동일한 주제로 묶어주시는 성령님의 하나 되게 하심을 찬양합니다. 에베소서 4장 4절, "몸이 하나이요 성령이 하나이니 이와 같이 너희들이 부르심의 한 소망 안에서 부르심을 입었느니라." 이 말씀으로 우리는 하나가 되었습니다, 30년 전에. 할렐루야! 사랑하는 아내여! 힘내자. 주님의 영광을 위하여!

2013.6.27, 노길상

약속의 말씀을 붙잡고

거의 다 썼는데 날아가서 다시 시작합니다. 저녁이 되니까 선선한 바람이 붑니다. 양환이는 리더 모임에 나갔고, 홍환이는 아침 일찍 건강검진 마치고, 바로 구두공방에 가서 5시까지 있습니다. 공방이 재미있다고 합니다. 여보, 어젯밤에 홍환이가 삼일교회 철야예배 갔다가 새벽에 왔어요. 할렐루야! 갈라디아서 5장 13~14절에, 자신이 오직 자기만을 위해 땅의 것을 구하고 있다는 것을 알았답니다. 딴 사람들은 나라 이웃을 위해 기도하고 있는데, 나는 뭐 하는 건가, 하는 생각이 들더랍니다. 감사하죠.

오늘 새벽에는 옆 동에서 5시까지 안 나오셔서, 집에 다시 올라와서 양환이와 중앙교회 가서 예배드리고 왔습니다. 가족 전체를 기도의 자리로 부르시는 주님께 감사합니다. 홍환이 와이셔츠 다리면서 5개월 만에 당신 여름 셔츠를 다렸습니다. 양복도 손질하고요. 당신이 여름에 즐겨 입던 철기 날개, 하도 오래 되어서 소매가 빤질거리네요. 허리띠도 미리 챙기고, 넥타이도 골라 놓고…… 당신과 함께 돌아오는 길에 여름 꽃이 많이 피었으면 좋겠습니다. 주님께 부탁드려 보겠습니다. 서울 오빠가 담 주중에 한 번 더 보고 와야겠다고 하네요. 제일 마음을 끓이는 것 같습니다. 홍환이 편에 양환이 용돈도 보내왔네요.

　다림질하면서 들은 설교 중, "하나님이 하신다. 눈에 보이는 환경에 근거를 두는 사람은 흔들린다. 최후 승리의 근거는 하나님의 약속의 말씀이다. 현실과 약속의 성취까지는 간격이 있다. 인내는 곧 믿음이다. '인忍'의 한자를 생각해보라. 가슴에 칼이 꽂혀 있는 것이다. 그럼에도 견디어 내는 것. 최후 승리를 좀 더 리얼하게 설명하면, 지금 이대로 끝나지 않는다!" 랍니다.

　다음 주 금요일을 기다립니다. 주셨던 수많은 약속의 말씀이 어떻게 이루어지는지를 두 눈 똑바로 뜨고 보겠습니다. 그리고 후손들에게 전하겠습니다. 하나님의 하나님 되심을! 그분의 성실하심을! 그분이 얼마나 사랑이신지를! 오늘 '일대일 양육'을 마쳤습니다. 후반기에는 그룹으로 양육을 하게 될 것 같습니다. 내일 예배에 성령님의 찾아오심을 구합니다. 그곳의 마지막 주일 예배, 당신의 파송예배가 되겠네요. 놀라운 하나님의 영광의 임재가 있기를 기도합니다. 사랑합니다.

2013.7.6, 황혜연

특별휴가를 보내며

혜연, 토요일 오후 2시. 창밖으로 보이는 하늘 구름은 어쩜 이렇게 예쁠까, 하는 마음이 듭니다. 정녕 주님의 솜씨인 것 같네요. 순식간에 바뀌기도 하고, 모양과 색깔이, 또 배경은 한 번도 같은 적이 없는 하늘. 하루 종일 하늘과 구름만 쳐다보고 있어도 행복할 것 같네요. 저는 그래서 행복합니다. 왜냐고요? 휴가 중이니까요. 휴가인데, 어디를 주로 가냐면, 제일 먼저 당신과 걸었던 하동의 섬진강 길, 모래사장, 송림, 그날 참 많이 걸었지요. '자연과 사람'인가, 펜션에서 밥도 맛있었지요. 그다음 날 걸었던 지리산 둘레길도 길기는 했지만 아주 즐거웠습니다. 하동 읍내의 교육장님 사택 골목과 양환이, 그리고 홍환이 산후조리, 문 기사네, 자전거를 끌고 오신 장모님…… 모든 것이 꿈만 같고 소설 속의 한 장면같이 떠오릅니다. 또 사도행전 28장에 나오는 '몰타', 바울이 로마에 가면서 파선하여 닿았던 곳. 당신과 함께 아주 큰 방에서, 큰 침대에서 지냈지요. 맛있는 음식도 많이 먹었고. 1888년에 만들어진 로얄 골프클럽에서 골프를 치면서 당신의 눈치를 많이 봤지요. 지금 생각해도 부끄럽고 적절치 못했던 것 같네요. 이런저런 생각을 하면서 휴가를 보내고 있습니다. 작년의 통영도!

어젯밤 출애굽기 1~3장을 공부하고 엎드려 오랫동안 기도했습니다. 주님의 은혜와 손길, 인도하심이 너무나 감사했습니다. 마음 깊은 곳에서 평강과 기쁨이 올라왔습니다. 그러면서 하나님께서 백성의 탄식과 부르짖음을 듣고, 그 근심을 알고, 3장 8절에, "내가 내려가서…… 건져내고…… 인도하여…… 젖과 꿀이 흐르는 땅에 데려가려 하노라" 하시지요. 그리고 이어서 모세를 부르십니다. 3장 10절에 "이제 내가 너를 바로에게 보내어…… 내 백성 이스라엘 자손을 인도하여 내게 하리라." 하나님은 자신의 일을 위하여 사람을 부르신다는 것을 압니다. 주님께서는 사람을 부르신다는 것, 그러면서 자신의 이름을 '스스로 있는 자'(I am who I am)라고 하시지요.

하나님의 영광, 하나님의 이름을 믿지 않는 자들은 로마서 1장 23절에서 "썩어지지 아니하는 하나님의 영광을 썩어질 우상으로 바꾸었느니라"고 합니다. 이어서 2장 7절은 "참고 선을 행하여 영광과 존귀와 썩지 아니함을 구하는 자에게는 영생으로 하시고." 그렇습니다. 우리는 썩지 않는 주님의 영광과 주님의 이름을 위하여 부르심을 받았습니다.

제 스스로 휴가를 정하고 있습니다만, 오늘도 5시 전에 일어나 기도하며 일상을 시작했습니다. 점심에는 초복이라고 닭을 한 마리씩 주어서 잘 먹었습니다. 작은 닭이지만 안에 마늘 3쪽, 대추 1개를 넣어 초복을 지냈네요. 7월 식단표가 나왔을 때 7월 13일 닭백숙을 보고, 나는 밖에 나가니까 못 먹겠다 했는데, 웬걸 오늘 닭뿐 아니라 7월 23일의 중복 닭까지 여기서 먹어야 하네요. 사람은 앞일을 알 수 없다는 것이 실감이 납니다. 주님께서 우리의 인생을 얼마나 복되고 영광스러운 길로 인도하실지 누구도 예측하지 못하겠지만, 누구나 수긍하고 주님의 영광을 찬양하는 그러한 일들을 저희들에게 베푸실 것을 믿고 감사를 드립니다.

간식으로 참외를 먹고 블랙커피를 마시고, 《세종 이야기》를 다 읽고 편지를 씁니다. 세종의 장점은 다른 사람들의 장점을 살리고 자신의 단점을 드러내며 신하들과 논의를 했으며, 백성들의 어려움을 헤아렸네요. 황희 정승도 간통과 뇌물 혐의로 어려움에 처했지만 세종은 그럼에도 황희를 신뢰하고 명재상으로 삼게 되지요. 세종의 리더십은 사람을 살리는 것이었습니다. 특히 노비에 대해서도 '하늘에서 낸 사람'이라고 하면서 인간적인 대접을 하였고, 죄수들에 대해서도 여름에는 찬물을 자주 갈아주고 겨울에는 짚을 많이 넣어주라는 지시를 할 만큼 인간적인 모습을 한 성군이었습니다. 세종은 백성들의 삶의 질에 특히 관심이 많았습니다. 노비가 '하늘 백성'이라는 대목에서는, 주님께서는 모든 사람이 구원받기를 원하시고 기다리시며, '하나님의 형상'으로 만드신 사람이기에 '서로 사랑하라'고 하신 말씀이 떠올랐습니다.

여보, 그런데, 덥다. 상에 앉아서 편지를 쓰는데도 팔에서 땀이 나서 이 편지지에 얼룩이 진다. 휴지로 땀을 닦아가면서 글을 쓴다. 어젠가도 이야기했듯이, 영국에 혼자 남아 Ph.D 통과되고 나서 논문 제본하여 제출한 후에 말이오. 문 목사님과 누나가 와서 캠브리지와 영국을 여행하면서 가이드하며 좋은 시간을 가졌었지요. 나는 지금 그 시간을 생각하면서 휴가를 지내고 있습니다. 당신은 아미동에서 불시험을 감당하고 있었고요. 나도 그 당시 1,2 파운드도 어려워했는데 매형이 와서 맛있는 것도 먹고 새 차 렌트하여 여행을 다니면서 좋은 시간을 가졌지요. 주님께서는 형통한 날과 곤고한 날을 병행하여 주신다고 하셨지요. 우리의 모든 날은 주님께서 함께하시는 다 복된 날, 기쁜 날인 것을 믿고 감사를 드립니다.

자주 생각하고 자주 가는 곳은 당신과 걸었던 제주도 올레길입니다. 당신과 다리가 아프도록 걸었던 올레길, 다시 걷고 싶습니다. 그에 앞서 부산 가면, 동래에서 금정산성으로 하여 범어사로 가는 산성길을 당신과 걷고 싶습니다. 예전에 아버님과 함께 아이들 데리고 같이 걸었던 것 같네요. 기도하면서 정한 성경 읽기는 신약을 영어로 소리 내어 읽기로 했습니다. 천천히 영어로 말씀을 따라갈 예정입니다.

사랑하는 아내여. 지금 서울은 비 오나? 여기는 구름이 끼었고 덥다. 나는 더위에 강하니까 괜찮다. 남은 오후 시간도 굿 타임. 러뷰! 내일은 주일, 기도드립니다. 주님의 부흥, 주님의 임재를!

2013.7.13, 노길상

늘 하나님을 바라보면서

　오늘 전주로 내려가는 길은, 초록의 벼가 바람에 일렁거리며 파도를 이루었고, 파아란 하늘엔 한여름 뭉게구름으로 한없이 아름다웠습니다. 유난히 파란 하늘을 좋아하는 당신…… 짧게나마 당신 얼굴을 보고 오니 마음이 좀 놓입니다. 오는 길에 택시 기사가 자기도 운동권이었는데, 3년 거기서 있었다며 이런저런 이야기를 합니다. '그러시냐'며 그냥 듣고 있는데, 자기 아는 목사님은 다단계로 들어와 있다고 합디다. 세상이 참 좁지요. '아~ 그러시냐'고만 반응을 했지요. 그 기사 양반이 강추해서 전주서 냉면 먹고 올라왔습니다. 서울은 여전히 날씨가 꾸무럭하네요.

　집에 오니 당신이 보낸 편지와 속달 편지가 와 있습니다. 문득 느낀 것이지만, 당신도 썼듯이 우리가 계획해도 결재하시는 분은 하나님이십니다. 지난 1월 29일 이후에 적혀 있는 여러 스케줄을 보면서도 그랬고, 이번 일 역시 그러하고요. 늘 하나님을 바라보면서 그분이 우리의 하나님이심을 인정하고 감사드립니다. 양환이가 청소를 깨끗이 해놓았네요. 꿉꿉하긴 해도 깨끗해서 좋습니다. 오늘 이기일 국장님이 출국하면서 각별한 안부를 전해왔습니다. 막내오빠도 한 번 더 면회

가겠다 해서 만류했고요.

  여보, 오늘 저녁은 양환이가 예배를 인도합니다. 이 아이도 저녁 금식하네요. 오늘은 당신이 잘 지내주어서 고맙습니다. 홍환이 콩나물국밥 준비하려구요. 갸는 집에 오면 거의 실신! 배가 고파서리…… 주님, 우리와 함께하십니다! 사랑합니다.

2013.7.15, 황혜연

오직 주님께만 영광 되기를

사랑하는 혜연, 월요일 편지 잘 받았소. 이제 며칠 남지 않았네요. 저는 지난 6개월을 정리하는 의미에서, 성령님의 인도하심에 따라 내일과 모레(24, 25일) 6끼 금식을 하려고 합니다. 이 시간들을 되돌아보고, 산상설교에서 주님께서 주신 말씀과 살아가야 할 날들에 대하여 기도하는 시간을 가지고자 합니다.

아침 예배 때, 로마서 14장 17절, "하나님의 나라는 먹는 것과 마시는 것이 아니요 오직 성령 안에 있는 의와 평강과 희락이라"는 말씀이 가슴에 와닿았습니다. 그리고 23절에 "믿음을 따라 하지 아니하는 것은 다 죄니라." 그렇네요. 믿음과 사랑으로 하지 않는 것은 다 죄다. 죄의 본질성과 죄의 뿌리, 확장성, 파급력은 언제나 우리 주변에 있다는 것, 기독교인의 생활 속에 항상 있다는 것이 '산상설교'의 결론이기도 합니다.

제가 좋아하는 팥죽 고맙습니다. 기대합니다. 이제 오는 금요일, '살아계신 하나님의 영광, 살아계신 하나님의 이름'을 높이는 그날이 기대가 됩니다. 오전에 모처럼 비가 와서 조금 시원해졌네요. 운동장에 비가 많이 와서 밖에 나가 처마 밑에서 비 구경을 했습니다. 비가 조금

올 때 걷기도 하였고. 점심 무렵 복지부 출신 S 국장이 건보공단 이사로 자리 옮겼다고 면회를 왔네요. 참 고맙지요. 많은 사람들의 관심과 기도, 이 모든 것이 오직 주님께만 영광이 되기를 간구드립니다.

어젯밤 출애굽기 33장을 읽었어요. 애굽에서 하나님의 많은 이적을 보고, 홍해 바다가 갈라지는 것을 보고 그 길을 걸었고, 만나와 메추라기를 먹고, 반석의 물을 마셨던 이스라엘 백성들은 모세의 하산이 더딤을 보고 금송아지를 만들지요. 그리고 모세의 간구, 33장 19절에, "…… 여호와의 이름을 네 앞에 선포하리라 나는 은혜 베풀 자에게 은혜를 베풀고 긍휼히 여길 자에게 긍휼을 베푸느니라." 아멘. 주님의 주권적인 은혜와 긍휼 앞에 우리 모두는 머리를 숙일 수밖에 없다는 것, 같은 방에 믿지 않는 사람들이 있는 상황에서 구원받은 자로서의 구별됨과 복음의 은혜를 선포하여야 하는 역할, 그렇지만 담대하게 또다시 복음만이 우리가 사는 길인 것을 밝히고 기도하지 않을 수 없었습니다.

오늘 아침, 로마서 14장 10절에는, "…… 어찌하여 네 형제를 비판하느냐, 업신여기느냐, 우리가 다 하나님의 심판대 앞에 서리라" 하십니다. 이것 역시 복음의 본질임을 확신합니다. 주님의 은혜는 놀랍고, 주님의 말씀은 정확하고 시의적절하고 딱 맞습니다. 산상설교는 이제 60편 중 마지막 결론 한 편만 남겨놓고 있습니다. 영어로 성경 읽기도 내일쯤이면 마치게 될 것 같네요. 남은 이틀의 시간은 마태복음 5,6,7장의 예수님 설교에 집중하고자 합니다. 결론적으로 말씀드리면, "심령이 가난한 자는 복이 있나니……"의 의미는 내가 아무리 평생을 노력해도 내 심령은 가난해질 수 없다는 것이 로이드 존스 목사님의 주장입니다. 성령님의 인도하심과 성령님의 충만하심이 없이는 내 심령spirit

이 가난해질 수 없다는 것, 이 점에서 저는 이틀간의 금식을 가지려고 합니다.

　사랑하는 아내여, 고맙소. 당신의 마음 씀과 그동안 말씀으로 함께 해주고, 나누어준 것 고맙소. 이제 날이 드네요. 서울은 비가 많이 왔다고요. 모레 목요일 오후에 봅시다. 당신과 양환이의 금식에 주님의 영광이 있으시기를. 오늘 새벽도 5시에 무릎을 꿇었습니다. 참 감사한 시간을 가지고 있습니다. 좋은 저녁 되시길. 러뷰!

2013.7.23, 노길상

감사합니다! 사랑합니다!

내 나이 스물세 살, 어떤 복학생이 저돌적으로 내 앞에 다가왔지요. 처음에는 뭐 저런기 다 있노, 했는데, 그 남학생이 끊임없이 여일하게 하는 것을 보게 되었고, 유치했던 것들이 순수하게 다가와 마음을 정했습니다. 그 후 2년의 시간이 흘러 결혼을 결심하게 되었네요. 처갓집의 그 수모에도 꿋꿋하게 견뎌내고, 가정을 이루어 두 아들을 낳고, 공무원으로 가난하지만 성실하게 생활하다가, 영국으로 유학을 갔답니다. 소박했지만 행복한 시간이었고, 하나님을 인격적으로 만나는 기적도 있었습니다. 재정의 어려움을 통해 더욱 하나님을 의지하는 법을 훈련했고, 없는 중에 사람을 섬기는 훈련도 통과했었지요. 6개월 앞서 귀국할 수밖에 없는 상황에서 아내는 기도의 훈련을, 남편은 하나님의 존재를 감사해하는 시간이었어요. 이런 불시험의 시간들도 통과했고, 하나님은 박사학위를 선물로 주셨답니다. 우직한 남편이 연구실 바닥에 쏟은 눈물을 하나님께서 흠향하셨습니다. 서울에 돌아와 반지하방에서 다시 시작했지만, 불행하다 생각한 적은 없었습니다. 그 남편이 아내를 끔찍이 아껴주었기 때문입니다.

신앙생활, 직장생활, 가정생활…… 그 남편은 참 성실하게 꾸려나갔습니다. 그러다가 다시 벨기에로 가서 좋은 교회, 좋은 목사님 만나 신앙생활의 참 재미를 알았어요. 우리의 믿음을 보시기 위한 테스트도 잘 통과했고 거기서는 실제적인 죽음에서 생명을 붙잡고 계시는 하나님도 몸소 체험했습니다. 그 일을 통하여 하나님은 당신의 일을 이루시는 신묘막측하신 분이심을 알았지요.

한국에 돌아와서 교회를 떠나야만 했던 시간들이 있었지만, 사건을 통해 강권적으로 교회로 부르시는 하나님, 그 남편은 많은 사람들이 억울하겠다는 상황에서도, 때로는 바보처럼 가만히 있었어요. 지금 그 남편은 전주교도소에서 491번이 되어 있습니다. 이 남편은 거기서도 하나님의 신실함을 찬양하며, 사람에 대한 원망이나 미움 없이 감사하며 지냈답니다. 내일 모레가 이 남편이 나오는 날입니다.

30년 전, 스물세 살의 아가씨에게 다가와, 신랑 각시가 된 노길상과 황혜연입니다. 그 아내는 남편으로 인해 참 행복한 결혼생활을 지내고 있습니다. 그리고 그 남편을 존경합니다. 선물인 두 아들이 부모를 존경하고 사랑하는 것이 지금까지 살아온 부부의 점수입니다.

당신의 포스트 닥 졸업을 온 가족이 축하합니다. 주님의 이름으로 축복합니다. 그리고 당신이 남편이어서 감사합니다. 사랑합니다!

2013.7.24, 황혜연

주님의 말씀을 기억하며

예수, 찬양! 할렐루야! 사랑하는 아내여. 이제 마지막 편지네요. 이 곳에서 조금 전 만나서 이야기했듯이, 주님께서 아침 QT에서 말씀해 주셨습니다. 오늘 말씀은 미가 6장 1~5절의 "기억해야 할 하나님의 은혜"와 2절의 "여호와께서 변론하실 것이라," 4절 "내가 너를 종노릇 하는 집에서 속량하였고…… 모세와 아론과 미리암을 네 앞에 보냈느 니라," 5절 "기억하라 그리하면 나 여호와가 공의롭게 행한 일을 알리 라 하실 것이니라."

제 기도는 "하나님께서 저를 변호해주셨음을 믿고 감사드립니다. 작년 2012년 1월 27일, 대기 발령 이후 1년 6개월이 되었습니다. 구 속된 지는 6개월이 되었습니다. 오직 아버지 하나님께서 저를 죄의 종 에서 속량하셨고, 여 변호사와 최 변호사를 미리 예비하여 보내셨습니 다. 여호와께서 공의롭게 진행하신 일임을 압니다. 주님! 감사합니다. 찬양합니다. 아멘!"

7월 27일자 QT를 미리 했지요. 미가 6장 8절에 "여호와께서 네게 구하시는 것은 오직 정의를 행하며(to act justly), 인자를 사랑하며(to love mercy), 겸손하게 하나님과 함께 행하는 것(to walk humbly with your God)이 아니냐"였습니다. 주님! 그렇게 살겠습니다. 8복 중 다섯 번째 '긍휼히 여기는 자(the merciful)'는 긍휼히 여김을 받는다고 주님께서 말씀하셨습니다. 8복과 산상수훈의 말씀대로 살겠습니다. 아멘!

로마서 마지막 장인 16장으로 이곳에서의 마지막 예배를 드렸습니다. 20절에 "평강의 하나님께서 속히 사탄을 너희 발 아래에서 상하게 하시리라 우리 주 예수의 은혜가 너희에게 있을지어다"였습니다. 아침 제 기도 중에 "사탄아 물러가라! 나사렛 예수의 이름으로 명한다. 사탄아 물러가라!"를 외쳤습니다. 사탄의 끈질김과 속임수와 간교함을 하나님께서 멸하실 것을 믿으며, 주님께 더욱 붙어살아야 하겠습니다. "지혜로우신 하나님께 예수 그리스도로 말미암아 영광이 세세 무궁하도록 있을지어다. 아멘"(롬 16:27).

마태복음 5,6,7장을 묵상했습니다. 참 많은 주님의 가르침과 은혜, 음성이 있습니다. 평생 주님의 설교대로 살겠습니다. 그리고 조용히 살아온 지난날들을 되돌아보고 있는데, 마침 당신의 편지가 왔네요. 눈물이 주르륵…… 주님! 감사합니다! 하는데 주님께서 "내가 했다" 하십디다. 주님은 자신의 영광과 주님 자신의 이름을 위하여 "내가 했다"는 것을 분명히 밝히셨습니다. 그러고 보니 창세기와 출애굽기, 모든 성경의 구절은 하나님 아버지께서 스스로 하신 것임을 늘 밝히셨네요. 여보, 제 대답은 조금 전 말했듯이 "알았습니다. 8복으로 살겠습니다"였습니다. 8복과 산상수훈의 가르침은 인간의 힘으로 할 수 없는 일입니다. 성령님의 개입과 인도하심으로만 심령이 가난해질 수 있으며, 애통할 수 있으며, 온유할 수 있다는 것을 절실히 깨닫습니다.

오전에 옛날 일 하나가 떠올랐습니다. 초임 사무관 때 사무관이셨던 장로님 한 분이 뇌물로 조용히 그만두신 일이었습니다. 그때 젊은 마음에 '어찌 장로가 저런 일을 당하나, 가슴이 아프다' 했습니다. 주님께서는 그때의 제 마음을 읽으시고, 약 30년의 시간이 지난 이때에 '장로'의 이름을 회복시키시고, 무엇보다 하나님의 이름과 하나님의 살아 계심을 드러내고 싶으셨던 것임을 깨달았습니다. 나는 잊어버리고 지냈는데 주님께서는 그때의 일을 잊지 않으시고 주님의 영광, 주님의 이름, 주님의 역사하심과 사랑하심을 모두들에게 알리고 싶으셨네요. 저희들의 앞날, 온전히 주 안에서 '보란 듯이' 복된 삶이 될 것입니다.

아까, 양환이하고 온 것 고맙고, 당신을 보니 기쁘다. 빨리 당신이 만든 팥죽을 먹고 싶습니다. 조금 전 몸무게가 68.1킬로그램으로 나왔네요. 나가더라도 70킬로그램 유지하면서 살겠습니다. 몸이 가볍고 참 좋습니다. 여보, 내일 보자. 당신과 살아온 나날들이 한편의 드라마이고 사도행전이네요. 주님께서 "내가 했다" 하시기에 정말 기뻤습니다. 저하고 친하고 싶으신가 보네요. 짓궂으시기도 하시고, 엄위하신 만군의 주 여호와께서 우리의 아버지이시니 저는 정말 행복합니다. 8복 중의에 주리고 목마른 자는 배부를 것임이요, 라고 하셨는데 의는 '예수님' 그분이시고, '배부르다'는 be filled이네요. 그냥 말하면 '충만하다'는 것. 최근 제가 아무 이유 없이 '충만함'을 느꼈던 것이 이 복을 받았던 것임을 오전에 깨달았습니다. 여보, 자랑이 심하나? 아니요. 당신과 나누는 것이 주님의 기쁨이고 주님의 자랑이지요.

전주교도소, 사서함 72, 491번 편지는 이것으로 끝나지만, 전주교도소와 이 땅을 향한 기도는 계속될 것입니다. 러뷰! 당신을 사랑하는 노길상.

2013.7.25, 노길상

CHAPTER 3

여호와는
나의
목자시니

아내와 두 아들이 모여앉아 기도를 하는데, 나도 모르게 "주님, 감사합니다……" 하는 기도가 나왔다. 엉엉 울면서 예배를 드렸다. 그때 알았다. 조금 없을 때는 주님을 원망했는데, 정말 없으니 도리어 감사가 나왔다. 아직도 원망이 있는가. 그것은 아직 살만하다는 이야기다.

살아야 한다

1978년 7월 무더운 여름, 논산훈련소에 입대했다. 낯선 곳에 나와 다른 사람들과 함께 지내면서 시간과 공간의 제약을 체험했다. 그래서 젊은이들은 군대를 가기 싫어한다. 그러나 그렇기 때문에 군대는 가야 된다.

수용연대에서 대기를 마치고 훈련소로 넘어왔다. 어느 날 오후, 너무 피곤해 내무반 모포에 기대어 있었다. 지나가던 기간병이 들어와 "여기가 네 안방이냐"고 소리쳤다. 바닥에 꿇어 앉혔다. 그리고 느닷없이 가슴을 찼다. 한 2미터 정도 뒤로 밀려 넘어졌다. 침상에 올라가 앉았다. 나도 모르게 눈물이 나면서 입대 전의 장면들이 파노라마처럼 흘러갔다. 그때 마음 깊은 곳에서 다짐이 올라왔다. "살아야 한다. 살아서 돌아가야 한다."

많은 세월이 흘러 양환이 홍환이가 군대 갈 때, 이 이야기를 해줬다. 살아서 오라고. 아무리 힘들고 더러워도 살아야 한다고. 어느 대학에 가서 강의를 하면서 이 이야기를 했다. "어떤 생각이 들었을까?"라고 물었다.

많은 학생들이 "그런 모욕을 참아야 되나요? 못 참겠다!" 등의 답변을 했다. 이제 나는 안다. 살아야 되는 것보다 더 큰 가치는 없다는 것을. 그때 내 가슴을 차준 병사에게 진심으로 감사한다. 살아가면서 가장 중요한 것을 깨닫게 해주었기에.

담배를 끊다

    우여곡절 끝에 1983년 말에 결혼을 했다. 서로 좋아서 하는 결혼에 왜 그리들 말이 많든지. 그냥 축복해주면 안 되나, 하는 생각이 들었다. 지금 생각하면 아무것도 아닌 일인데 그때는 사사건건이 시비가 되었다. 아내는 너무 힘들어 "그만 둡시다"라고까지 했다. 지금도 감사한 것은 당시 아버지께서 전적으로 우리를 지원하셨다. "그냥 들어와서 살도록 해라"라고 하셨다. 어떤 일이든, 아무리 어려움이 많아도 서로 한마음이 되면 이겨낼 수 있다. 특히 결혼에 있어서는 당사자의 결단이 중요하다.

    간혹 후배들의 결혼에 조언을 한다. 신랑이 될 사람에게 부탁을 한다. 스스로 가슴에 손을 얹고 물어보고 맹세하라고. 이 여자와 평생 사랑하면서 살 수 있는지를. 그렇게 다짐을 하고 맹세를 해도 결혼생활이라는 것이 쉬운 것이 아닌데, 대충 결혼하면 안 된다. 대충 살면 안 된다.

    아내와 결혼식 날을 잡고 해운대를 갔다. 기뻤다. 어렵게 하는 결혼이라 더 기뻤다. 뭔가 기념이 필요하다는 생각이 들었다. 마음의 다짐할 것을 찾았다. 우리 나이로 나는 28세, 아내는 26세였다. 당시 내가 내놓을 수 있는 가장 큰 것은 10년간 피워온 '담배 끊기'였다. 몇 차례 금연을 시도한 적이 있었지만 실패했다. 금연에 용기를 가지게 된 것은, 1983년 초 아버지께서 평생을 피워온 담배를 끊으신 것이다. 그래서 나도 끊을 수 있겠다고 생각했다. 거기에 더하여 나는 하나님께 도움을 구했다. 다시는 뒤로 돌아서지 않도록.

지금 생각해도 대견한 결단이기는 했지만, 보다 현명한 것은 처음부터 '나쁜 짓'은 하지 않는 것이 맞다. 왜 쓸데없는 것들에 시간과 청춘과 힘과 생명을 허비했는지 후회가 된다. 그래서 성경은 "악은 모양이라도 버리라"고 말한다. 몸과 마음과 영혼에 도움이 되지 않는 일체의 것들, 특히 중독성이 있는 것은 지금 즉시 끊자. 주님의 도우심으로 끊자. 그리고 새롭게 살자. 참 자유를 누리자. 주 안에서 참 복을 누리며 살자.

아내를 사랑하라

내 스마트폰에 저장된 아내는 '내 사랑'이다. 남들이 닭살이라고 한다. 그래도 나는 부끄럽지 않다. 왜, 맞는 말이기 때문이다. 아내를 얻기까지 쏟은 노력은 성경의 야곱이 라헬을 얻은 데에 비교할 수 있다. 젊은 날, 내 인생의 결정 중 가장 성공한 걸작이다. 살아갈수록 더 그렇다. 예전 부산에서 고시공부할 때, 고시와 여자는 양립할 수 없다는 주장이 정설이었다. 나는 둘 다 성공했다. 아내와 연애를 하면서 사람이 되어갔다. '이렇게 살면 안 된다'는 생각이 들었다. 아내를 얻기 위해 더 열심히 공부했고, 하나님께 매달렸다. 사랑, 그때 나에겐 목숨보다 귀한 것이었다. 영국에서 공부할 때 알았다. 성경말씀에 의하면 좋은 아내는 하나님이 주신다는 것을. 좋은 아내를 얻는 것이 재산을 얻는 것보다 백배 낫다.

많은 세월이 지난 후, 깊은 기도 중에 주님께서 나에게 부탁하셨다. "혜연이를 사랑해다오"라고. 주님께서 나에게 부탁을 하셨다. 감격스러운 일이다. 주님께서 나에게 돈 많이 벌어라, 출세해라, 착하게 살아라…… 그런 말씀이 아니라, '아내를 사랑하라'는 말씀을 친히 하셨다.

하나님의 선물

　양환이 홍환이 두 아들을 하나님께서 주셨다. 감사한 일이다. 이 아이들이 없었다면, 아내와 나의 인생이 얼마나 삭막했을까? 물론 많은 어려움이 있었다. 가슴이 찢어지게 아픈 적도 있었다. 그러나 살면서 보니 그것이 축복이다. 우리의 마음을 쏟을 수 있는 것이 축복이다. 부끄럽지만, 자랑을 하면 끝이 없다. 둘 다 토익 만점에 영어로 말이 된다. 군대를 갔다 왔다. 하나는 육군 병장, 하나는 해병대. 그리고 마라톤 풀코스를 다 완주했다. 착하다. 나보다 백 번 낫다. 주님의 은혜다. 그러나 무엇 때문에 자랑스럽고 고마운 게 아니라, 그냥 좋다. "좋은 아들을 주신 주님, 정말 감사합니다."

울타리

우리는 2남 2녀다. 어렵게 살았다. 아직도 그렇게 산다. 그래도 감사하다. 어릴 때는 부모님 원망을 많이 했다. 좀 잘 살면 좋았을걸. 누나, 남동생, 여동생도 다 그렇게 산다. 공부도 잘 못했다.

아버지의 한 말씀이 평생에 힘이 되었다. 어릴 때, 아버지의 회사가 어려워 감원을 하게 되었다. 밤새 부모님은 두런거리며 걱정을 하셨다. 좁은 집이라 다 들린다. 어린 마음에 나도 걱정이 되어 잠을 설쳤다.

다음 날 아침, 밥 먹으면서 아버지께서 말씀하셨다. "걱정하지 마라. 리어카를 끌어서라도 너희들 공부시킬 것이다. 열심히 해라." 얼마나 힘이 나던지.

아버지는 리어카를 끌지 않으셨다. 그래도 우리는 다 공부를 했다. 어려운 생활 속에서도 마음은 든든했다. 나도 어른이 되어 아버지의 말씀대로 한다. "걱정하지 마십시오. 제가 하겠습니다"라고. 아무리 힘들어도 내색을 하지 않는다. 게다가 만군의 주 여호와 하나님이 계시는데, 걱정할 것이 무엇이 있겠나.

그랬다. 우리는 그렇게 살았다. 이제는 그것이 도리어 감사하다. 정말 감사하다. 세상적으로 조금 부족한 듯 살아도 주님의 은혜가 있고, 동기간 우애가 있으니 무엇이 부러울까! 이 세상 무엇보다, 아버님 어머님의 은혜는 귀하다. "세상에 둘도 없는 우리 부모님, 오래오래 건강하게 사십시오. 감사합니다."

있는 그대로

친구가 직장생활의 애로를 말했다. 대학 선배인 상사와 문제가 있다고. 나는 "터놓고 이야기하지"라고 했다. 자기는 그것이 어렵단다. "네가 너희 아버지와 편하게 말하는 것에 놀랐다"고 한다. 우리 집은 어려서부터 부모와 형제간에도 터놓고 이야기하는 분위기였다. 그것은 직장이나 사회생활에도 좋은 영향을 미쳤다.

아내가 시집와서 우리 집의 개방적인 분위기에 많이 놀랐고, 숨통이 트였다고 한다. 그것이 옳다. 주님께서도 우리에게 터놓고 지내자고 하신다. 숨길 것이 무엇이 있나. 서로 다 아는데……. 안 그런 척 할 필요 없다. 있는 대로 살자. 그것이 편하고 옳다.

영국에서 경험한 은혜

1990년 가을부터 1994년까지 영국에 살면서, 브리스톨대학에서 사회정책 석사와 박사학위를 받았다. 가족보다 먼저 영국에 가서 자리를 잡았고, 한 달 후 아내는 당시 네 살과 여섯 살인 홍환이와 양환이를 데리고 왔다. 노란 점퍼를 입은 홍환이는 카트에 타고 있었고, 양환이는 아내의 손을 잡고 공항을 나오던 모습이 선하다.

머나먼 영국에서 시작한 유학생활은 '본토 아비 집을 떠나 살았던' 아브라함의 이야기가 우리 가족에게 실감나게 다가오는 체험이 되었다. 낡은 대학 기숙사 3층에서 보낸 겨울, 덜컹대는 바람소리와 폭우, 그리고 오후 4시만 되면 캄캄해지는 영국의 풍경은 인생의 깊이와 폭을 넓히는 값진 시간이었다. 봄이 되자 새벽마다 지저귀는 새소리와 상큼하게 차가운 대기 속에서 피어나는 노란 수선화는 겨울의 어둠을 떨쳐내기에 충분했다. 맑고 푸른 하늘과 들판에서 우리 가족은 행복하게 살았다.

아이들은 세인트조지 초등학교를 다녔다. 학교 가는 길에 있는 캐봇 타워 공원은 동화 속 이야기처럼 아름다웠다. 아이들은 학교생활을 즐거워했고, 아내가 준비한 맛있는 잡채와 김치찌개, 된장찌개는 한인 유학생들의 유쾌한 모임의 잔칫상이 되었다. 아내는 그곳에서 캠브리지 영어 자격증을 받았다. 방학에는 영국의 많은 곳을 여행했다. 우리 가족 모두는 그 시절의 아름다운 추억을 가슴에 품고 있다. 우리나라도 영국처럼 살기 좋은 나라가 되기를 간절히 소망했으며, 적어도 복지에 있어서는 영국보다 더 좋은 정책을 만들어야 된다고 다짐하곤 했다. 석사학위를 마치고 박사학위를 계속하게 됨에 따라 많은 어려움이 있었지만, 브리스톨 한인교회가 세워지는 하나님의 역사를 보게 되었다.

버킹엄교회의 클라크 목사님 내외, 애플비 씨 내외, 짐과 메리 부부, 로즈마리 등 많은 영국 분들과 그리스도 안에서 따뜻한 사랑의 교제를 가졌다. 교회당 안의 전면에는 "The Lord is risen indeed" (주께서 과연 살아나시고, 누가복음 24장 34절)가 적혀 있다. 그곳에서 주님의 부활과 하나님의 창조, 창세기 1장 1절이 믿어지는 은혜를 누렸다. 우리 가족의 신앙은 하나님의 말씀과 성도의 교제를 통해 날로 자라갔다. 특히 돌아가신 애플비 할아버지는 천국에서 나를 기다리고 계신다는 것을 굳게 믿는다. 브리스톨대학의 지도교수인 피터 타운젠드Peter Townsend 교수는 세계적인 석학이셨는데, 2009년에 돌아가셨다. 그분께 가르침을 받은 것에 늘 감사하고 있다. 영국에서의 4년은 정말 복된 은혜의 시간이었음이 분명하다.

그해의 추수감사헌금

　1994년 가을, 영국에서 공부를 마치고 돌아와 복직할 때까지 시간이 있었다. 딱히 할 일이 없어 막일을 하기로 했다. 새벽 6시에 가서 불려간 곳은 5층 신축건물의 청소와 마무리였다. 먼저 옥상에 있는 수십 장의 판넬을 1층까지 옮기는 것이었다. 크고 무거운 것을 들고 가파른 좁은 계단을 내려가는데 무척 힘이 들었다. 여기저기 부딪치면서 어둠 속에서 일을 했다. 일을 시키는 아저씨는 요령 있게 잘 내려갔다. 먼지 속에서 이 일 저 일을 하다 보니 진이 다 빠졌다. 점심을 먹고 나서도 감독 아저씨는 담배를 한 대 피우고 곧바로 다른 일을 시켰다.

　군대도 갔다 왔고 군에서 제법 삽질을 했었는데, 육체적으로는 그날이 내 인생에서 가장 힘들었다. 유리창 틀을 달러 오는 회사 유니폼 입은 사람이 부러웠다. 그날 일을 마치고 일당 5만 원에 5,000원을 더 주면서 "아저씨는 일을 배웠기 때문에, 돈을 내고 가야 돼요"라는 말에 얼굴이 뜨거워졌다. 저녁을 먹으며 식사기도를 하는데, 나도 모르게 울음이 터져 나왔다. 밥을 먹으면서 초등학교 다니는 아이들에게 "공부 열심히 해라"라고 부탁했다. 그해의 추수감사주일에는 그렇게 번 5만 원을 드렸다. 주님께서 기뻐하시겠다는 마음이 들었다.

그 후 몇 번 더 일했다. 한번은 구들 놓는 일을 했다. 먼저 방바닥을 깨는데, 큰 망치가 팅 하고 튀어올랐다. 몇 번 그러는 것을 보더니, 옆에서 시범을 보여주었다. 두 손으로 잡고 온몸을 던지자 깨어졌다. 한번은 타일을 붙이는 데 갔다. 기술이 없으니 모래와 시멘트를 개어 위층으로 올리는 일을 했다. 나이가 젊은 사람도 예사로 반말을 하면서 빨리 가져오라고 닦달했다. 밥 먹을 때도 자기들끼리 먹고 서열이 분명했다. 타일 기술자는 15만 원을 받았고, 나는 5만 원을 받았다. 간혹 일요일 아침에 일하러 오라는 전화가 왔다. 복지부에 복직을 하고 난 후에는 "취직했습니다"라고 말하는 목소리에 나도 모르게 힘이 들어갔을 것이다. 노가다에서 정말 많을 것을 배웠다. 일 시키는 사람이 애 많이 먹었을 것이라고 집사람이 놀렸다. 막일 하시는 분들에게 존경을 보낸다.

들판엔 가을이, 내 맘엔 은혜가

2014년 10월 26일 밤 11시 50분, 남부터미널에서 백무동행 버스를 탔다. 송정근 장로님과 둘이서 지리산 종주에 나섰다. 새벽 3시 30분에 도착해 지리산 장터목대피소를 향해 걸었다. 칠흑 같은 어둠 속에 나무 사이로 별이 반짝였다. 가파른 길을 오르다 누워서 바라본 하늘은 서울에서는 못 보던 별들로 가득했다. 4시간쯤 걸어 장터목에 도착했다. 간단한 요기를 하고 배낭을 풀어놓고 천왕봉에 올랐다. 그해에만 네 번째 오른 천왕봉이었다. 파란 하늘에 구름 한 점 없는 가을 하늘이었다.

보통 때는 노고단에서 천왕봉 쪽으로 종주를 하는데 이번에는 반대편에서 시작했다. 노고단으로 가는 길에 벽소령에서 숙박을 예약했다. 산 위에는 나뭇잎이 거의 다 떨어졌지만, 커다란 산 자체가 주는 아름다움이 정말 좋았다. 적당한 바람과 따뜻한 햇살을 즐겼다. 쉴 때마다 기도하고 찬양을 했다. 세석에서 점심을 먹고 벽소령을 향해 가을을 느끼며 걸었다.

지난 밤 집을 나설 때, 아내가 불쑥 물었다. "지리산 왜 또 가요?" 나는 즉각 "기도하러"라고 대답했다. 산을 걷는 내내 나 자신의 문제와 아이들, 그리고 전날 주일에 있었던 교회의 일들에 대한 불편함이 마음속에 있었다. 내일에 대한 불만과 불안이 있었다.

지리산 산길은 오르락내리락하면서 산봉우리를 넘어가는 참 좋은 길이다. 날씨는 상큼했고 하늘은 파랬다. 내리막 바윗길에서 1.5미터쯤 되는 바위에 왼발을 딛고 오른발을 딛는 순간, 그만 균형을 잃고 말았다. 붕 뜨는 느낌이 들면서 왼팔로 짚었던 스틱이 와지끈 하면서 부러졌다. 왼편 엉치 부분에 강한 충격이 있었고, 바닥에 꽈당 하고 엎어졌다. 모자는 벗겨지고, 배낭은 머리께로 솟구쳤다. 물병 하나가 밑으로 굴렀다. 순식간에 일어난 일이었다.

다행히 떨어진 곳이 돌이 아닌 흙이었다. 다친 데는 없었다. 오른쪽 손톱 끝이 조금 긁혔다. 고개를 들어 앞을 보는 순간, 눈앞에 오래된 나무 등걸이 뾰족이 나와 있었다. 끔직한 생각이 들었다. 즉시 "주님! 감사합니다!" 라는 기도가 나왔다. 잠시 그렇게 앉아있다 일어섰다. 20~30미터 앞서가고 있는 손 장로님을 향해 다시 걸었다. 그 이후로 나의 기도가 완전히 바뀌었다. "주님! 감사합니다. 찬양합니다"로. 아무런 불평이나 불만이 없다. 오직 감사할 뿐이었다. 이렇게 내 팔다리로 걷고 있다는 것이 감사한 일이었다.

벽소령 대피소에 도착한 후 간단히 저녁을 먹고 6시쯤 자리에 누웠다. 새로 지어 쾌적한 침상에서 잠이 들었다. 밤 9시쯤 잠이 깨어 밖으로 나갔다. 온 하늘에 별이 가득했다. 그렇게 넓은 밤하늘은 처음이었다. 은하수와 쏟아질 듯한 별들. 아무 생각이 없었다. 오직 한 가지, '이 넓은 우주에서 주님께서 저를 돌보고 계신다니 놀랍습니다. 감사합니다'라는 마음으로 하늘을 쳐다보며 바람 부는 산등성이를 걷다가 들어와 잤다. 잘 잤다. 주님 품 안에서.

다음 날, 새벽 5시부터 걸었다. 발걸음 가볍게. 연하천 대피소를 향해 가는 길에 일출을 봤다. 천왕봉 등성을 배경으로 붉어지는 새벽도 봤다. 송 장로님과 두 팔을 들고 찬양했다.

"오 신실하신 주 내 아버지여 늘 함께 계시니 두렴 없네. 해와 달 별들도 다 주의 것. 만물이 하나로 드러낸 증거 신실한 주 사랑 나타내네. 오 신실하신 주, 나의 구주."

깜깜한 지리산 골짝에서 두 장로가 주님을 마음껏 찬양했다. 그 많던 별들은 동쪽에서부터 빛을 잃었다. 서쪽 하늘에는 아직 별들이 초롱초롱 빛나고 있었다. '장엄하다'라는 단어가 떠올랐다.

노고단을 거쳐 성삼재에 이르렀다. 이틀간 36킬로미터를 걸었다. 단풍 구경을 온 사람들로 붐볐다. 주차장에는 관광버스가 꽉 차 있었다. 버스를 타고 구례로 내려와 서울행 고속버스를 탔다. 아내에게 문자를 보냈다. "…… 들판엔 가을이 내 맘엔 은혜가." 주님! 감사합니다! 주님! 찬양합니다! 언제 어디서나 그렇게 살겠습니다. 다시 다짐했다.

믿음의 시작

대학 3학년을 마치고 사병으로 군대를 다녀왔다. 그리고 1981년 복학했다. 군에서 10·26과 12·12사태, 그리고 5·18 광주 민주화운동을 겪었다. 3년 만에 돌아온 대학은 모든 것이 낯설었다. 무엇보다 이상한 것은 어머니와 누나, 그리고 여동생이 교회에 다니는 것이었다. 어릴 적 집 앞 교회를 간 적이 있었다. 고등학교 때 반 친구 따라 교회를 갔었다. 그 친구는 교회의 학생회장이었다. 그가 시험시간에 열심히 커닝하는 것을 보고 교회를 끊었다.

1981년 5월 어버이 날, 카네이션 한 송이 준비 못한 백수는 효도하는 심정으로 교회를 따라 갔다. 예배를 드리는 중에 교회가 그렇게 나쁜 곳이 아니라는 생각이 들었다. 교회는 갈 곳 없는 낙오자나 위선자들이 모이는 곳으로 오해를 했었다. 어머니께서 저렇게 기뻐하시니 일주일에 한 번, 딱 한 시간만 내어주자고 생각했다. 예배 후 송도에 가서 어머니와 누나하고 보트를 탔다. 나는 배에서 캔맥주를 마셨다. 그 찬란했던 5월, 주님의 은혜가 우리 집에 임했다. 많은 세월이 지나고 알았지만.

일요일마다 교회에 갔다. 술이 덜 깨어서도 가고, 밖에서 밤샘을 하

고도 교회에 갔다. 성경은 신문에 싸서 다녔다. 담배는 예배 후 모퉁이
를 돌면서 바로 꺼내 물었다. 간혹 인사하다가 담배가 바닥에 떨어졌
다. 그러면서도 계속 교회를 갔다. 일요일마다, 시간 맞춰 꾸준히.

'왜 사는가?'

대학에 들어가면서 책을 많이 읽었다. 닥치는 대로. 아무리 두껍고 어려운 책도 힘차게 읽었다. 주제는 '인생이란 무엇인가', 또는 '왜 사는가'였다. 어떻게 살 것인가는 생각조차 못했다. 인생 자체에 대한 고민을 하면 할수록 답은 멀어져갔다. 친구와 열띤 토론 끝에 간혹 싸우기도 했다. 인생에 대한 본질적인 물음에 대해 몸부림치면서 탐구했다. 계속 오리무중. 군대를 갔다. 군대에 가서도 삶에 대한 물음은 계속됐다. 그래도 답을 못 찾았다. 다시 복학을 하고, 쓸데없는 고민을 접어두고 고시공부에 매진하기로 했다.

교회를 다닌 지 6개월쯤 지나, 세례를 받기로 했다. 〈세례문답집 1번 질문, 사람은 왜 삽니까? 답, 하나님의 영광을 위하여 산다.〉 정말 충격이었다. 말이 안 된다. 내 젊음을 바쳐 찾아왔던, 그 답이 하나님의 영광을 위하여 산다? 정말 웃긴다. 그럴 리가. 내가 읽은 책과 쌓은 경험과 그동안의 노가리가 얼마인데, 단 한 줄이 답이라고? 그래서 알아보기로 했다. 그것이 답인지. 우선 성경을 처음부터 읽었다. 몰라도 읽었다. 말이 안 되어도 그냥 읽었다. 고시공부를 하면서 틈만 나면 읽었다. 낮잠 잘 때 성경을 베고 자면서도 읽었다. 통독 2번. 그리고 나니 어렴풋이 윤곽이 잡혔다. 저자의 의도가. "나는 하나님이다. 사람을, 너를 사랑한다." 나를 사랑한다고? 좀 웃긴다. 나를 아실까? 나 같은 것을 사랑한다고?

외워서 세례문답은 통과했다. 세례식은 1982년 4월 11일, 부활주 일이었다. 무릎을 꿇으면서 다짐했다. "하나님. 이제 개기지 않겠습니 다. 제 생각, 경험, 지식, 감정으로 주님을 판단하지 않겠습니다. 이제 믿겠습니다." 세례의 물과 함께 내 눈물도, 나의 지난 세월들도 씻겨 흘렀다. 하나님을 내 하나님으로, 나의 주인, 나의 주님으로 인정했다. 그때의 다짐이 나의 다짐이 아니라 성령님께서 나에게 주신 은혜였다 는 것을 많은 세월이 지나서야 알았다. 그리고 그날이 나의 영적인 생 일이 된 것도 먼 훗날 알게 되었다. 내가 1956년 8월 19일에 이 세상 에 태어난 것을 오랜 세월이 지난 후 알았던 것처럼.

엎드려야 산다

    살면서 많은 갈등이 있었다. 개인적으로든 또는 업무적으로든, 서로 다른 경험과 생각으로 자주 부딪혔다. 특히 이해관계가 얽혀 있는 정책 현장은 더 그랬다. 갈등 해소의 비결은 엎드리는 것이다. 다 아는 동화에 답이 있다. 깊은 계곡 외나무다리에서 두 염소가 만났다. 서로 비키라고 했다. 끝까지 버텼다. 둘 다 떨어져 죽었다. 두 양이 만났다. 한 양이 엎드렸다. 다른 양이 넘어갔다. 둘 다 살았다.

    가장 어리석은 것은 결과가 뻔한데도 계속 자기주장을 하는 것이다. 자기방식을 고집하는 것이다. 대책 없이 싸우는 것이다. 다 망한다. 하나님 앞에서도 마찬가지다. 엎드려야 산다.

불합격의 축복

    부산 아미초등학교를 마치고 경남중학교 입학시험을 치렀다. 산수 책에 있는 문제를, 그냥 더하고 나누면 되는 문제를 틀렸다. 합격자 명단 어디에도 내 이름은 없었다. 하늘이 노랬다. 2차로 간 대신중학은 붙었다. 중학교를 마치고는 경남고에 지원했다. 할머니는 큰손자가 일류 고등학교에 시험을 치러 가는 것이 기쁘셨던지 정성껏 도시락을 싸주셨다. 점심 때 따뜻한 찰밥에 불고기, 그리고 상추쌈을 맛있게 먹었다. 오후 첫 시간은 수학이었다. 졸음과 싸웠다. 그래도 될 줄 알았다. 2차 동래고도 낙방했다. 친구들은 경남고를 갔다. 재수를 하기는 싫었다. 3차, 금성고.

    고등학교 2학년 봄, 설악산 수학여행을 마치고 돌아오는 길, 낙동강 철교를 지나며 모자를 날렸다. 학교를 그만둘 거라고 다짐했다. 아버지와 삼촌이 말렸다. 장남의 학력이 중졸이면 말이 안 된다고. 집안 꼴이 말이 아니라고 결사 반대하셨다. 어머니의 도움으로 자퇴했다. 학교에서도 말렸다. 그래도 그만뒀다. 대학에 가려고. 학교를 그만두고 나오는 길, 속이 시원했다. 교문을 나와 열 걸음쯤 걸었을까? 아, 이제 어디로 가지? 적막감이 몰려왔다.

그해 여름, 검정고시를 치르러 가는 길 아버지께서 대구까지 함께해 주셨다. 무더운 여관방, 아버지는 밤새 부채를 부쳐주셨다. 대구, 부산 다 떨어졌다. 이듬해 1975년 부산대학교 사회복지학과에 겨우 붙었다. 얼마나 기뻤던지. 그래도 명색이 법정대 소속이었다.

간혹 생각해본다. 내가 경남고와 서울대를 나왔더라면. 그러면 우선 고시를 하지 않았을 것이고, 공부 못하는 사람들을 이해하지 못했을 것이다. 지금의 나와 전혀 다른 사람이 되었을 것이다. 살면서 마음대로 안 되는 것이 너무 많다. 그러나 그러려니 한다. 복지부 사람들은 나보고 맷집이 좋다고 한다. 당연하다. 될 때까지 하면 되니까. 예수 믿고 나서 알았다. 그때 그렇게 떨어진 것이 주님의 축복이라는 것을.

하늘의 별을 보고

　　1975년 대학에 입학했다. 기쁜 마음을 모아서 친구들과 여름방학 캠핑을 떠났다. 남해 상주해수욕장, 9박 10일. 캠핑의 경험은 처음이었지만 즐거웠다. 뜨거운 모래밭, 시원한 바닷물, 아름다운 송림, 많은 사람들 그리고 자유…….

　　어느 날 늦은 밤, 해변에 앉아 하늘을 바라봤다. 맑은 하늘, 쏟아지는 별. 하늘의 한 부분이 뿌옇게 보였다. 웬 구름? 이 밤에. 곧 깨달았다. 아 은하수. 그래서 영어로 밀키웨이milky way구나. 은하수가 하늘에 흐르고 있었다. 내가 알고 있던 온갖 우주의 지식과 상식을 동원해 은하수에 대해 친구들과 떠들었다. 그런데 내 마음에 슬그머니 이런 생각이 들었다. '이 우주가 그냥 생겼나. 아닌 것 같은데. 무언가 누가 만든 것 아닐까? 이를테면 조물주?' 나는 그때 무신론자였고, 하나님에 대해서는 생각해본 적도 없었다.

　　많은 세월이 흘렀다. 2014년 3월 경북 울진의 통고산 휴양림. 하늘에서 쏟아지는 별들을 보았다. 나는 어두운 길바닥에 꿇어 엎드렸다. 두 손을 높이 들고 "주님, 감사합니다!" 라고 고백했다. 금년도 신년예배 때 뽑은 말씀이 신명기 1장 11절이었다. "…… 여호와께서 너희를 현재보다 천 배나 많게 하시고…… 복 주시기를 원하노라." 10절에는 너희가 번성하여 별같이 많아졌다는 구절이 있다. 그날 밤 차가운 산골짝을 혼자 걸으면서 하나님을 찬양했다. 아브라함의 하나님, 이삭의 하나님, 야곱의 하나님, 요셉의 하나님, 그 하나님께서 우리의 하나님, 또 나의 하나님 되심을 마음 깊이 새겼다. 방에 들어와 머리맡에 펴놓은 성경의 신명기 1장 부분을 읽고 또 읽고 생각하다 잠이 들었다.

새벽 2시. 잠이 깼다. 마당에 나가서 다시 하늘을 우러러봤다. '하나님, 감사합니다!' 속으로 외쳤다. 오랫동안 밝게 빛나는 많은 별들을 실컷 쳐다봤다. 하나님은 여전히 우리를, 또 나를 사랑하신다. 방에 들어와 누웠으나 잠이 안 왔다. 그리고 1975년 여름의 상주해수욕장의 별들이 생각났다. 밤새 뒤척였다. 40년 전 나에게 은하수를 보여주시고 자신의 존재를 어렴풋이 보이신 그 하나님께서, 이제는 하늘의 별을 보고 축복의 말씀을 떠올리며 의심 없이 길바닥에 무릎을 꿇게 하시고 주님을 찬양하게 하셨다. 나를 인도하신 사랑의 하나님 앞에 밤새도록 잠이 들 수 없었다. 할렐루야!

양산 백록교회에서의 기도

1982년 봄에서 여름 사이, 행정고시 준비를 하면서 몇 달 양산에 가 있었다. 교회의 권사님 집이 비어 있어 혼자 가서 공부했다. 시험은 계속 떨어지고 대학원 학업 역시 제대로 못하고 있었다. 한 주일은 부산에 가서 예배드리고, 한 주는 공부집 근처의 백록교회에 가서 드렸다. 전형적인 시골교회였지만 은혜가 있었다.

어느 날 부산을 다녀오면서 교회에 들렸다. 아무도 없는 예배당에서 혼자 기도를 드렸다. 너무 답답한 현실과 길이 없는 내 인생에 절박함이 있었다. 아니면 모든 것을 접어야 되나 하는 생각도 들었다. 그렇지만 하나님께 기도를 드렸다. 고시의 합격과 학문적인 성취에 대해서 구했다.

그해 말 26회 행정고시에 3차까지 붙었다. 1차도 한 번 합격한 적이 없었는데 좋은 성적으로 최종 합격을 했다. 그리고 수년 후 영국에 가서 사회정책의 세계적 석학인 피터 타운젠드 교수의 지도하에 박사학위를 받았다. 오랫동안 잊고 있었는데, 30여 년이 지난 요즘 그때의 기도가 생각난다. "신실하시고 선하신 주님을 믿습니다."

"너도 나처럼 죽어라"

영국의 버킹엄교회에서 성금요일Good Friday 예배를 드리던 어느 날 저녁, 그날따라 목사님의 설교와 성경말씀이 가슴에 와닿았다. 설교와 찬양 후 개인적으로 기도드리는 시간이었다.

"주님! 저를 위해 돌아가셨습니까? 주님! 저를 위해 돌아가신 것 믿습니다. 감사합니다" 하면서 기도를 드리는데 "What do You want me to do for You?"라는 질문이 떠올랐다. "저에게 원하시는 게 무엇입니까." 예수 믿고 한 번도 해본 적 없는 질문이었다. 그러자 그분은 "너도 나처럼 죽어라"라고 말씀하셨다. "알겠습니다. 주님, 저도 죽겠습니다."

감격스러운 예배를 드리고 집으로 돌아가는 발걸음이 가벼웠다. 혼자 찬양하면서 밤길을 걸었다.

미국에서 우리 대학에 온 한국인 교수 가정이 갑자기 생각나서 들렀다. 그리고 이런저런 이야기를 하면서 예수, 생명, 복음을 나눴다. 밤 늦게까지 믿음에 관해 이야기했다. 그리고 집으로 가면서, "주님, 죽는다는 의미를 알겠습니다"라고 중얼거렸다. 그 교수님이 그때 예수님을 인정하지는 않았지만, 십수 년 후 그 가정이 미국에서 교회에 잘 다니고 있다는 소식을 들었다. 주님께서는 나에게 한 번도 "돈 많이 벌어라. 출세해라, 큰일 해라" 등의 말씀을 하지 않으셨다. 그냥 "죽어라"라고 하셨다. 죽기가 얼마나 힘든 줄 우리는 다 안다.

"그렇게 억울하나?"

벨기에에 있을 때, 참 힘든 일이 있었다. 너무 힘들어 자다가 벌떡 일어나 한숨을 쉬었다. 그때 알았다. 죽음이 축복이라는 것을. 죽음보다 더 힘든 것이 있다는 것을. 새벽기도 때마다 아뢰었다. "원수를 갚아주십시오. 원수 갚는 것은 주님께 속한 것이라는데…… 주님께서 역사해 주십시오" 하는 기도를 드렸다. 오랫동안 기도를 해도 상황은 변하지 않고, 날이 갈수록 사태는 악화되었다.

그날 새벽도, 그렇게 기도를 드렸다. 세미한 음성이 들렸다. "길상아, 그렇게 억울하나?" 고개를 막 들면서 "예, 정말 억울합니다. 원수를 갚아……" 하려는데, 그분은 "나를 봐라"라고 말씀하셨다. 강대상 앞에 달려 있는 십자가가 눈에 들어왔다. "어…… 주님! 됐습니다. 하나도 안 억울합니다." 그리고 울었다. 그냥 울었다. 진짜 억울하신 주님은 저렇게 돌아가셨는데, 내 마음대로 살았던 내가 '억울'을 운운하는 것이 도대체 말이 안 되는 것임을 알았다. 곧 그 문제는 씻은 듯이 해결됐다. 십자가 앞에서는 억울한 마음이 추호도 없다. 그 뒤로도, 혹 마음에 서운한 생각이 들면 그 새벽의 주님 음성을 되새겨본다. "나를 봐라."

여호와는 나의 목자시니

2001년 여름, 벨기에 EU 대표부에 근무할 때였다. 여름휴가를 스페인 바르셀로나로 갔다. 브뤼셀에서 차를 몰고 1,300킬로미터를 갔다. 여름이긴 했어도 프랑스를 지나 피레네 산맥을 넘어간 스페인의 더위는 상상을 초월하는 열기였다. 바르셀로나 근처의 바닷가 조그만 마을에 있는 한국인 가정을 숙소로 빌렸다.

한낮의 백사장은 발을 디딜 수 없을 정도로 뜨거웠다. 그래도 우리는 백사장에서 놀았다. 아침 먹기 전 조용한 바다에서 헤엄을 치고 또 해질 무렵 바다에서 놀았다. 저녁이 되면 맨 먼저 노인네들이 나와서 춤추며 논다. 다음엔 중년층이, 젊은이들은 밤새도록 떠들면서 놀았다. 잠자리에 들어서도 시끄러운 음악 소리와 열기에 밤새 뒤척이다가 새벽녘이 되어서야 잠이 들었다. 그래도 맛있는 음식과 풍성한 과일, 친절하고 쾌활한 사람들 사이에서 우리 가족은 행복했다.

그곳 사람들의 이야기는, 죽도록 일만 하는 것은 어리석은 일이라는 것이다. 남유럽 사람들과 북유럽의 차이는 확실히 있다. 사고방식이나 사회 구조가 다르다. 특히 인생을 바라보는 시각도 다르다. 남쪽 사람들은 못 살아도 즐기며 살아야 한다는 것이고, 북쪽은 물질적으로 여유가 있어야 인생을 즐길 수 있다는 생각이 짙다. 사람마다의 차이도 있겠지만, 그 사람들의 일상을 보면서 '일과 여가'의 균형, 요즘 말로 '워라밸'(일과 삶의 균형)이 필요하겠다는 생각을 했다. 나아가 '삶의 본질'에 대해 다르게 생각하는 사람이 있는 것을 알았다.

뜨겁고 시끄러운 분위기 속에서도 한적한 시간을 가지고 시편 23편을 외우기 시작했다. 한글과 영어로. 열흘간의 휴가 동안 다 외웠다. 마음으로 묵상도 했다. 그 이후로 매일 아침 잠이 깨면 "여호와는 나의 목자시니……"로 하루를 시작한다. 잠들 때는 "내가 여호와의 집에 영원히 거하리로다"로 하루를 마친다. 낮에도 가끔 우리말과 영어로 읊조린다. 죽을 때에도 나의 마지막 기도는 시편 23편이 될 것이다. 바르셀로나의 휴가. 기억은 희미해졌지만, 그때 새긴 시편 23편은 날로 새롭다.

없는 집에 효자 난다

영국에서 공부할 때 공부보다 힘든 것은 먹고사는 문제였다. 통장의 잔고는 줄어들고, 돈이 나올 데는 없는 상황이었다. 처음에는 가족과 사람들을 그리고 하나님을 원망했다. 어려운 시절을 살아왔지만, 부모님이 계셨기에 가난에 대한 인식이 없었다. 막상 가장이 되어 가족의 생계를 책임지는 입장이 되니 사정이 달랐다. 마트에 가서는 닭다리를 들었다 놨다 반복하게 되고, 가스요금 청구서가 겁이 났다. 먹고사는 문제가 이렇게 큰 것인 줄 몰랐다.

어느 주일, 또 차가 고장 났다. 차 수리비로 이미 많은 돈을 쓴 때였다. 차가 없으면 예배를 드리러 교회에 갈 수 없었다. 이웃을 부르는 것도 한두 번, 때마다 부탁하기가 어려워 집에서 예배를 드리기로 했다. 아내와 두 아들이 모여앉아 기도를 하는데, 나도 모르게 "주님, 감사합니다……" 하는 기도가 나왔다. 엉엉 울면서 예배를 드렸다. 그때 알았다. 조금 없을 때는 주님을 원망했는데, 정말 없으니 도리어 감사가 나왔다. 아직도 원망이 있는가. 그것은 아직 살만하다는 이야기다.

돈보다 사랑을

　1992년 가을 영국 유학 중, 석사를 마치고 나니 지도교수가 박사학위를 계속하는 것이 좋겠다고 적극적으로 권했다. 내가 망설이자 그는 박사는 학위 이상의 가치가 있는 것이라고 설득했다. 기도하고 고민하면서 박사과정을 밟기로 결정했다.

　휴직 절차와 학비 마련을 위해 귀국했다. 현실은 한국에 머물 여건이 아니었다. 학비도 제대로 마련하지 못하고 영국에 다시 갔다. 이때 우리 가족은 사랑과 믿음으로 하나가 되었다. 무릎 꿇고 하나님께 기도를 시작했다. 브리스톨에 최초의 한인교회가 시작되었다.

　2년 후 학위를 마치고, 서울 상도동 반지하에서 다시 시작했다. 그 좁은 곳에 주일학교 교사 20여 명이 와서 밥을 먹고 놀다간 적도 있었다. 부모님께서도 며칠씩 묵고 가셨다. 은혜로운 시간이었다. 또다시 모으고 융자를 얻어 전세 6,000만 원에 방 세 개가 딸린 빌라로 이사했다. 빌라 이름은 '은혜빌라.' 정말 기뻤다. 전세 계약을 해놓고 아이들과 저녁에 그 골목길을 다시 가보았다. 너무 좋아서!

　몇 년 후 어느 날, IMF 사태가 한국에 덮칠 때, 빨간색으로 인쇄된 편지가 날아왔다. 6,000만 원의 전셋집에 주인이 3억 원의 융자를 받았던 것이다. 경매로 넘어가면, 주소지와 전세등기부가 일치하지 않아 아무런 보상 없이 거리에 나앉게 될 상황이었다. 기도를 많이 했다. 절실하게 하나님께 매달렸다. 결국 5,000만 원도 안 되는 집을 1억 얼마를 주고 떠안는 방법을 찾았다. 누구를 원망하며 누구를 탓하겠는가!

우여곡절 끝에 벨기에 EU로 파견 나가게 되면서 인생의 새로운 장을 맞이하게 되었다. 어려움 중에 믿음의 반응을 한다는 것이 쉽지는 않았지만, 주님께서는 언제나 신실하심과 사랑으로 우리를 선대하신다는 사실을 체험했다. 사랑과 믿음을 지키게 된 것이 감사하다. 돈보다 사랑을!

사랑의 대상이 있다는 것

가족들은 부산으로 가고 영국에 혼자 남았다. 브리스톨 언덕의 하숙집. 아내가 가르쳐준 대로 샌드위치 도시락을 싸가지고 다니면서 논문을 썼다. 어느 날 새벽, 밤새 도서관에 있다가 집으로 향했다. 거리에는 안개가 짙게 깔렸고, 집집의 돌담에는 보라색 꽃들이 피어 있었다. 길에는 아무도 없었다. 갑자기 아내가 보고 싶었다. 너무 보고 싶었다. 미칠 듯이 보고 싶었다. 사춘기도 아닌데, 가슴이 아프게 그리웠다.

집사람은 만 리나 떨어져 있고, 현실적으로 서로 해줄 수 있는 것은 아무것도 없었다. 그래도 아내가 있다는 것이, 그리워할 수 있다는 것이 힘이 되었다. 그러면서 순간 '그래! 하나님도 그러하시겠구나' 하는 깨달음이 왔다. 이 새벽, 하나님께서 나에게 해주시는 것이 아무것도 없다고 느껴도, 하나님께서 계신 것만으로 충분하다는 믿음이 들었다. 맞다. 사랑은 존재만으로 가치가 있다. 사랑하는 사람이 있다는 것, 그리워할 사람이 있다는 것. "주님! 사랑합니다."

아내의 편지

사랑하는 당신! 내일이 우리가 부부의 인연을 맺은 지 24년 되는 해입니다. 짧지 않은 세월이었습니다. 지금 한마디로 말하라면 '행복했지요.' 다른 이들에게는 큰일인지 모르지만, 나는 돌이켜보니 아무 일도 없었던 것 같아요. 그저 평탄했던 것 같네요. 그 가운데 당신이 중심을 잡고 떠억 하니 서 있었기 때문이라 생각합니다. 당신은 나에게 대부분 '인격적인 남편', '따뜻한 남편'이었지요. 헐레벌떡 계단 오르는데 "티 플리즈!" 할 때만 빼고. 성실한 가장이었고, 다정한 아빠입니다.

하나님 말씀 대하는 걸 우선시하는 당신은, 우리 집안의 영적 제사장이고, 그 흐름이 우리 가정을 평안케 하는 첫 번째 요인이라 생각되고요. 말씀 앞에 순전하려 하는 당신으로 인해, 우리가 거저 누리는 복이 많이 있음도 압니다.

여보! 호호백발이 되어도, 맑은 정신으로 하나님 경외하면서 마주 보고 그렇게 삽시다. 자식들 위해 기도하고, 인생의 연륜으로 많은 이들을 격려하며, 그렇게 풍성하고 넉넉한 노후가 됩시다. 1년 동안도, 국장으로서 장로로서 가장으로서 정말 애 많이 쓰셨어요. 당신의 애씀으로 우리 가족이 따뜻했고, 부족함이 없었고 행복했어요. 고마워요.

2007년 12월 10일 당신의 아내가

아들의 편지

　나의 유산 아버지 어머니, 감사드립니다. 아버지 어머니의 신실한 기도 때문에 선교여행 무사히 다녀왔습니다. 선교여행 기간 중 기도의 능력을 경험했습니다. 전혀 아프지도 않았고, 불편한 마음도 없었으며, 제가 기도로 간구한 것 이상의 은혜들을 하나님께서 부어주셨습니다.

　선교여행 중 제가 한 것은 아무것도 없음을 고백합니다. 다만 살아 계셔서 역사하시는 하나님의 일하시는 현장을 생생하게 목격하고 왔습니다. 황무한 땅에서 3억 8,000의 이방신에 치여 사는 사람들이 목숨을 걸고 하나님께 예배드리는 모습을 보며 제 안에 참 예배가 회복되었습니다. 하나님의 마스터플랜이 곧 저의 비전임을 믿음으로 취하게 되었습니다. 선교라는 것이 거창한 것이 아니라 살아가는 것임을 깨닫게 되었습니다.

　이 모든 은혜 누릴 수 있었던 것은 아버지 어머니의 기도 때문입니다. 지금의 '나'도 25년간 아버지 어머니의 기도 때문입니다. 감사합니다. Love you more than any words can describe.

양환 올림

보고 싶은 장모님

2011년 12월 크리스마스이브, 중앙대병원에서 밤을 새웠다. 부산에 계시던 장모님께서 서울에 올라와 입원하고 계셨다. 아내는 일주일 동안 병상을 지키느라 고생이 많았다. 특히 23일 밤에는 장모님의 호흡이 고르지 않아 뜬눈으로 밤을 새웠다. 병원에서는 마지막을 준비해야 한다고 했다. 처남들은 마지막은 부산에서 맞는 것이 좋겠다며 크리스마스인 25일 부산으로 이송하기로 했다. 그날 밤 마음을 단단히 먹고 침낭을 챙겨 병원으로 갔다. 어느 상황에서도 잠을 잘 자는 나는 10시부터 눈을 감았다. 잠깐 눈을 붙인 것 같았는데, 밤 12시가 지나고 있었다. 다행히 장모님과 아내는 고른 숨결로 잠이 들어 있었다.

제대 후 복학해 아내를 만났던 일, 공중전화로 마산에 있는 아내와 통화하던 일, 결혼식 직전의 장모님 맹장수술, 장모님의 추어탕과 장어국…… 많은 일들이 떠올랐다. 어느덧 먼동이 터오며 내 인생에 가장 뜻깊은 성탄절을 맞았다. 병원에서 밤샘을 하면서. 앰뷸런스를 타고 부산으로 향하시는 장모님을 뵈면서 많은 생각과 다짐을 했다. '사랑하며 살아야 한다.' 그 후 따뜻한 봄날 장모님은 주님 곁으로 가셨다. 지금도 장모님은 주님 곁에서 잔소리를 하며 바쁘게 일하고 계실 것이다. 아내와 자주 장모님 이야기를 나눈다. 보고 싶은 장모님.

왜 베드로는 모른다고 했을까?

　며칠 전 새벽기도 시간, 마가복음의 베드로가 예수님을 부인한 사건을 읽었다. 잘 아는 내용이었고, 예전에 읽으면서 눈물 흘리며 회개한 적이 있었던 터라 그냥 일상적인 기도를 드리려고 하다가 문득 든 생각이다. '왜 베드로는 주님을 모른다고 했을까.'

　조금 전까지도 베드로는 죽음을 불사하고 주님을 따르겠다고 큰소리쳤다. 베드로의 세 번 부인은 훗날 주님께서 그에게 세 번에 걸쳐 "나를 사랑하느냐"는 공개적인 질문으로 이어지고, 그 후 베드로는 주님의 길을 따라가는 아름다운 이야기다.

　그날 새벽 베드로의 심정이 되어 스스로에게 물었다. 답은 의외로 간단했다. 베드로는 예수님을 다시는 못 만날 줄 알았던 것이 아닐까? 빌라도의 뜰 앞에서 헤어지면 다시 못 뵐 것이라는 생각에 그는 주님을 부인하며 돌아섰던 것이 아닐까? 예수님께서 몇 번이나 부활하실 것을 말씀하셨으나 제자들은 모두 '설마, 그럴 리가……'라고 여겼던 것 같다. 우리도 다시는 안 볼 사람에 대해서는 소홀해지듯이. 그동안의 관계가 있었고 조금 전의 다짐, 그리고 예수님의 '닭 울기 전 세 번의 부인'의 말씀이 있었음에도 그냥 가볍게 여긴 것은 아닐지.

성도, 그리스도의 보혈로 구원받은 믿음의 형제자매, 교회의 공동체, 예수님의 부활을 마음으로 믿고 예수님의 주되심을 입으로 시인한 우리는 천국에서 영생을 누린다. 그렇다면 우리는 죽음의 강을 건너 천국에서 다시 만나게 된다. 이것은 엄연한 사실이고 우리 신앙의 절대적인 근본이다. 그럼에도 불구하고 우리는, 특히 교회 내에서의 관계에 있어서, 천국은 고사하고 이 땅에서 다시는 안 볼 사람처럼 대하는 경우가 많다. '한 피 받아 한 몸 이룬'은 차치하고, 모르는 사람한테도 그렇게 하지 않을 일들을 교인들 사이에 자주 한다.

　그날 새벽 깨달았다. 우리의 심성과 사람됨이 어떠하든지, 우리는 주님의 사랑과 은혜로 인하여 천국에서 얼굴을 맞대고 살아야 할 영광스럽고 거룩한 존재라는 것을. 따라서 '서로 사랑해야 한다.' 우리를 구원하신 주님 앞에서 성도들끼리 낯을 붉히는 일이 있어서는 안 된다. 구원받은 사람은 죽어서도 다시 만난다는 사실과 함께, 믿지 않는 사람은 죽고 나서 서로 다른 곳으로 가서 다시는 볼 수 없다는 사실 역시 심각한 일임을 깨달았다. 그래서 우리는 주님의 사랑, 복음을 전해야 하는 것이고……. 생각에 생각의 꼬리를 무는 새벽이었다.

내가 하나님의 자리를…

2014년 추석 연휴, 집안에 틀어박혀 드러누워서 시간을 보냈다. 모든 것이 답답했다. 나 자신도, 아이들도, 집안일도, 교회도, 나라 일도, 무엇 하나 시원한 것이 없다는 생각이 들었다. 누운 채 물었다. 아니 항의했다. "하나님, 제가 뭘 그리 잘못했습니까. 해준 게 뭐 있습니까?" 급기야는 "계시기나 한 것이 맞습니까?"라고 질문을 던졌다. 밥맛도 없고 재미있는 일도 없고, '이렇게 살아서 뭐하나' 하는 생각에 이르렀다.

이틀쯤 지나 거실 소파에 앉아 창밖의 숲을 보면서 나의 생각과 상태에 대해 정리해보았다. 어디선가 많이 보아왔던 이야기라는 생각이 들었다. 출애굽 이후의 이스라엘 백성들이 하나님께 원망하면서 던졌던 질문 아닌 질문, 불평과 악의에 찬 넋두리, 그리고 성경의 많은 반역과 우상숭배는 이러한 생각의 경로를 따라서 파멸로 갔었다는 생각이 퍼뜩 들었다. 그리고 정신을 차렸다. 다시 주님 앞에 서기로 했다. '내가 하나님의 자리를 엿보았구나. 하나님의 하나님 되심을 인정하지 못한 나는 자기연민에 빠져 결국은 하나님의 존재 자체를 부인하는 극악의 상태에 도달했구나……' 라는 깨달음과 함께 회개, 용서, 평안의 자리로 되돌아왔다.

마침 읽고 있던 에스겔서 34장은 '선한 목자이신 하나님'을 말씀하시면서, 31절에 이렇게 선포한다. "내 양 곧 내 초장의 너희는 사람이요, 나는 너희 하나님이라. 나 주 여호와의 말이니라." 하나님의 주권을 인정함과 선한 목자 되신 주님을 인정하는 것이 얼마나 중요한가를 새삼 깨달았다. 아울러 그 사실을 잊어버린 것 역시 한순간이라는 것을 알았다. 하나님의 사랑 안에 거한다는 것을 인식한다는 것은 정녕 축복이며 전적으로 주님의 주권임을 또다시 고백한다.

꼬롬하게 살지 말자

오래 전 벨기에에 있을 때 〈친구〉라는 영화가 유행했다. 깡패와 쌍욕이 나오는 영화라서 별로 교훈적이지는 않았다. 당시 비디오테이프를 빌려서 아이들과 같이 봤다. "아빠, 저런 고등학교가 있을까?"라고 물었다. "있고말고. 아빠가 저런 고등학교를 다녔는데……." 그날 밤 아이들이 잠들고 나서 '친구'를 다시 봤다. 쓰라린 마음을 가지고 고등학교 시절을 떠올렸다. 그러던 중 "친구가 꼬롬하면 되나"라는 대사에 가슴이 찡해졌다. '꼬롬하다'는 부산에서는 일상적으로 쓰이는 사투리로, 이기적이고 비겁한 것을 뜻한다. 그래, 친구가 꼬롬하면 안 되지, 라는 생각과 함께 그래서 예수님께서 우리 보고 친구라고 하셨구나…… 그런 생각에 이르자 주님의 마음이 읽어졌다.

끝 대목에 이르러 왜 억울하게 누명을 쓰냐고 묻자, "건달이 쪽팔리면 되나" 하면서 죽는 장면이 나온다. 건달도 쪽팔리는 걸 부끄러워하는데, 예수님이 친구라고 부르신 우리가 쪽팔리면 되겠나, 하는 생각이 들었다. 무거운 마음으로 뒤척이면서 잠자리에 들었다. 신약성경의 친구 대목이 나오면, 영화 친구의 장면과 그날 밤의 다짐이 생각난다. "꼬롬하게 살지 말자, 그리고 쪽팔리지 말자."

아버님, 죄송합니다

아버지께 잘못한 게 한두 가지가 아니다. 죄송한 것이 참 많다. 중학교 1학년 첫 시험, 반에서 10등인가 했다. 아버지는 5등 안에 들면 시계를 사주겠다고 하셨다. 다음 시험에서 5등 안에 들었다. 그런데, 시계에 대해 아무런 말씀이 없으셨다. 오늘이나 내일이나 기다렸다. 한일 주일쯤 지나 나는 속으로 다짐했다. "내가 공부를 하는가 봐." 어리석기 짝이 없는 일이었지만, 그랬다.

중 3때인가, 권투가 하고 싶었다. 도장에 다니면서 제대로 하고 싶었다. 하기만 하면 바로 한국챔피언, 동양챔피언이 될 것만 같았다. 저녁 먹으면서 이야기를 꺼냈다. 일언지하에 거절. 그날 밤 이불 덮어쓰고 울면서 아버지 욕을 많이 했다.

많은 세월이 지나 홍환이가 해병대 가기 전에 권투도장을 다녔다. 자기 말로는 운동 중에 가장 힘든 것이 복싱이라고 했다. 어느 날 스파링에서 엄청 맞고 왔다. 얼굴이 시퍼렇게 퉁퉁 부었다. 마음이 정말 안좋았다. 아버님 생각이 났다. 나는 불효자다.

많은 불행은 술로 인해 생긴다

대학에 입학한 큰아이가 MT를 다녀왔다. 다들 술을 마시는데 자기는 마시지 않았다고 했다. 자랑스러웠다. 아이는 신앙적 이유 말고, 술을 마시지 말아야 할 현실적 이유가 무엇인지 물었다. 딱히 할 말이 없어 대답을 미뤘다. 그 후 나는 나의 젊은 시절을 떠올려봤다.

고등학교 1학년 때 친구들과 어울려 마시기 시작한 술을 대학에 들어가면서 본격적으로 마셨다. 체질적으로 술이 받는 편이었는지 아무리 마셔도 취하지 않고, 취해도 다음 날 별 지장이 없었다. 술이 없으면 인생이 얼마나 삭막할까, 또는 술을 마시지 않으면 사회생활을 할 수 없을 것이라 여기면서 계속 마셨다. 군대에 가서는 더욱 폭주를 하게 됐다. 젊은 날의 일기를 보면 전날 밤에 마신 술에 대한 후회와 다시는 폭음을 하지 않겠다는 헛된 다짐의 반복이었다.

부모님은 내가 친구들과 저녁에 만난다고 하면, 집에 돌아올 때까지 잠을 주무시지 못했다. 때로는 술값이 없어서, 때로는 파출소에서 연락이 올까 불안해하셨다. 결혼을 하고 나서는 그 불안을 아내가 떠안게 되었다. 평소에 멀쩡하던 사람이 술을 마시면 밤새 난리를 쳤다. 어떤 때는 봉급을 하룻저녁에 날리기도 했다. 술이 깼을 때의 그 참담함과 절망감, 하늘을 바라보기가 부끄러울 정도로 후회스러운 적이 한두 번이 아니었다.

어느 날 퇴근해 보니 아내가 아이와 함께 없어졌다. 밤늦게 돌아온 아내는 더 이상 같이 살아야 할 이유가 없고, 아이의 장래를 생각하면 더욱 소망이 없어 조금이라도 젊었을 때 헤어지는 것이 낫겠다는 판단으로 집을 나갔다고 했다. 아이를 업고 나갔지만 갈 곳이 없어 돌아왔다고 말했다.

다시는 술을 마시지 않겠다고 약속했다. 술을 적게 마시려는 절주 노력을 스스로 해봤지만, 발동이 걸리면 미친 듯이 술을 마셨고, 필름이 끊기는 횟수가 늘어만 갔다.

그러던 어느 날 결정적인 시간이 다가왔다. 보통 토요일은 오전 근무라 술을 마시지 않는데, 그날은 점심을 먹으면서부터 발동이 걸렸다. 눈을 떠보니 일요일 오후 2시. 주일학교는 고사하고 교회에 아예 가지를 못했다. 늘 주일학교 반 아이들에게 주일을 잘 지켜야 한다고 하던 교사가 전화 한 통 없이 교회를 못 갔다. 그때 방바닥에 무릎을 꿇었다. "주님! 이제는 더 이상 안 되겠습니다. 제 힘으로는 끊을 수 없습니다. 도와주십시오."

그 후 나는 술을 마시지 않는다. 살아가는 데 전혀 지장이 없다. 술자리에 대한 부담도 없다. 술로 인해 건강을 해치거나 정신이 몽롱해지는 일도 없다. 술로 인해 실수하는 일도 없고 다음 날 일하는 데도 아무 지장이 없다. 간혹 상사가 술을 권할 때는 사전에 양해를 구하거나 술잔을 입에 대었다가 나가서 술을 뱉고 다시 돌아오기도 한다. 이제는 술을 마시지 않는 사람으로 알려져 큰 어려움이 없다.

며칠 전 큰아이의 물음에 이렇게 대답하고 싶다. "아빠가 술을 끊지 않았다면, 우리 가정은 벌써 깨어졌을 것이다. 많은 불행은 술로 인해 생긴다. 그러기에 아빠는 네가 처음부터 술을 마시지 않기를 바란다. 술을 마시지 않고도 얼마든지 멋있고 재미있게 살 수 있다. 지금 아빠와 엄마가 그런 것처럼 말이야."

화투를 끊다

살면서 화투를 열심히 친 적이 있다. 화투 말고도 이런저런 도박을 했다. 때로는 밤을 새우기도 했다. 내 것을 걸고 동일한 룰 속에서 남의 것을 가져오는 것은 엄청나게 재미있다. 중독이 될 만하다. 그럼에도 노름에 빠지지 않았던 것은 초등학교 때의 일 때문이다. 새 학년이 되었다. 아버지께서 20원을 주셨다. 공부 열심히 하라고. 학교 가는 길에 아이들이 빙 둘러 서 있는 것을 봤다. 두 개의 대나무 통 속에서 까만 점이 있는 것을 찾으면, 두 배로 준단다. 몇 번 연습을 했다. 다 맞췄다. 돈만 걸면 두 배가 된다고 아저씨는 또 말했다. 까만 점이 있는 통을 꼭 쥐고 20원을 걸었다. 그런데! 점이 없었다. 어릴 때 갖고 있던 풍선을 놓쳐 하늘 멀리 날아갈 때의 심정이었다. 하늘 끝까지 쳐다보며 목을 뺐던 심정.

한때 고스톱이 전 국민 오락인 적이 있었다. 앉으면 방석을 깔고 쳤다. 꽤나 열심히 쳤다. 다음날 사무실에서 전날의 판들을 복기할 정도였다. 시중에 나와 있는 고스톱 책도 사봤다. 두세 번만 패가 돌면 결과를 예상할 정도로 기량이 향상됐다. 따면 십일조와 감사헌금을 무명으로 했다.

그러던 어느 날 나의 젊음과 돈을, 또 다른 사람들이 생명을 바쳐 열심히 번 돈을 화투장으로 주고받는 것이 옳지 않다는 생각이 들었다. 같이 화투를 치던 사람들에게 고스톱을 끊는다고 말했다. 모두 의아스럽게 쳐다봤다. 그 이후 일체의 노름을 안 한다.

"저는 이제 골프 안 칩니다"

영국에 공부하러 가서 골프를 배웠다. 시간도 있고 여건이 좋아 골프를 즐겼다. 간혹 도서관에서 골프 책을 보는 나를 같은 과 친구들이 이상하게 보기도 했다. 아직도 영국의 골프장과 그 홀들이, 그리고 그때의 감격이 생생하다.

국내에서는 치지 않았다. EU 대표부 근무를 가서 다시 골프를 쳤다. 주일날은 안 쳤지만, 크리스마스에는 쳤다. 마당에서도 스윙을 했고, 방에서도 퍼팅을 했다. 골프에 미쳤다. 방의 전등도 깨트렸다. 토요일마다 골프 치러 가는 나를 보고, 아이들은 골프를 절대로 안 할 것이라고 했다. 대사관에서도 모이면 주제가 골프였다. 같은 층의 동료들과 수요일은 점심시간에 샌드위치를 먹고, 단체로 연습장을 갔다. 하루종일 머릿속에는 골프공이 날아다녔다. 어떻게 하면 좀 더 잘 칠 수 있는가에 몰두했다. 정말 재미있는 골프였다.

2년 여간 열심히 골프를 치던 어느 날, 이재철 목사님의 《회복의 목회》 끝부분에서다. 목사님께서 주님의 교회 10년 사역을 되돌아보는 대목이었다. 나도 모르게 나의 공직생활을 되돌아보게 되었다. 고시공부할 때, "주님, 합격만 시켜주시면 주님 원하시는 일을 하겠습니다.

없는 사람들을 위해 낮은 곳에서 일하겠습니다"라고 했던 다짐이 생각났다. 이 좋은 환경에서 나는 지금 뭘 하고 있나…… 하는 순간 눈물이 쏟아져 나왔다. 혼자 쓰는 방이라서 실컷 울었다. "주님 잘못했습니다"라는 회개가 터져 나왔다. 한참 울고 나서 "골프를 끊겠습니다"라고 자발적으로 다짐했다. 화장실에 가서 깨끗이 세수를 하고 연습장 멤버들에게 갔다. "저는 이제 골프 안 칩니다."

그 후 수요일 점심시간마다 대사관 2층에서는 그 멤버들이 모여 성경공부를 했다. 얼마나 많은 은혜가 있었는지, 정말 감사한 일이었다. 골프 대신 토요일마다 아내와 산책을 했다. 아내와 잊고 지냈던 아름다운 시간들을 회복했다. 아내와 걷던 테뷰런의 공원은 지금 생각해도 천국산책 같은 행복한 시간이었다.

"아들아, 미안하다"

홍환이는 중학교를 벨기에 BSB(British School of Brussels)에서 보냈다. 아침마다 부루퉁하여 나섰고, 수업을 마치고 나서도 툴툴거렸다. 아내와 함께 언제 사람 될까, 하면서 기도를 많이 했다. 대사관 출근길에 학교를 데려다주었다. 양환이는 빨리 내리는데 홍환이는 항상 미적거렸다. 앞에서는 신호가 바뀌려 하고 뒤에서는 '빵빵'거리기까지 하면, 나의 언성은 높아진다. 피차 기분이 나빠진다. 먼저 내린 양환이는 괜히 미안해하고.

어느 날 아침, 홍환이에게 화를 낼 이유가 없다는 것을 알았다. 내가 조금만 여유를 가지면 되는 것을. 어차피 출근 시간에 쫓기는 것도 아니고 차는 옆으로 붙여놓으면 된다. 차에서 내려 하나씩 안아줬다. "러뷰. 굿데이!"하면서. 그 뒤로 아침에 아무 문제가 없었다.

많은 세월이 흐른 뒤, 서울에서 어느 날 저녁 식사 중에 홍환이는 BSB 다닐 때 이야기를 꺼내놓았다. 한번은 자기에게 인종차별적 말을 한 친구에게 주스 봉지를 던졌는데, 안 터져서 다시 주워 터트렸다고. 아내와 나는 이구동성으로 잘했다고 했다. '그때 그런 이야기를 하지' 하고 속으로 생각했다.

나는 언제 사람이 될까요?

2005년 경주 벚꽃 마라톤. 나와 홍환이는 풀코스, 아내는 하프를 신청했다. 아내의 마라톤 입문을 위해 많은 노력을 기울였다. 전날 내려가자고, 아침에 아내의 신발과 추리닝을 챙겼다. 아내는 썩 내켜하진 않았지만 나의 정성을 봐서 뛰어 주리라 생각했다. 자존심을 접고 마라톤의 시작을 부추겼다. 언젠가는 풀코스를 함께 뛰기를 기대하면서.

택시를 타고 출발 장소로 갔다. 출발 장소의 웅성거림과 흥분. 그러나 아내는 한마디로 단호히 거절했다. "안 뛸래요." 그 순간, 나는 들고 있던 가방을 내팽개치고 옆의 쓰레기통을 힘껏 찼다. 아직도 어디에 그러한 혈기가 남아 있었던지. 싸늘함 속에서 출발선에 섰다.

뛰면서 '이 일을 어떻게 수습하나' 하는 생각에 앞이 깜깜했다. 마음이 너무 무거워 힘든 줄도 몰랐다. 혼자 서울로 간 것은 아닌지…… 하프 반환점을 앞에 두고 바바리를 입고 선 아내가 보였다. '아, 살았다.' 나는 아내에게 뛰어가서 "여보, 미안해요. 사랑해"라고 말하고는 계속 뛰었다. 이어진 3~4킬로미터의 언덕길은 힘들기도 했지만, 나 자신의 못남에 가슴이 아팠다. 그 즈음에 본 〈패션 오브 크라이스트〉의 그 주님이 생각났다. '주님, 저는 언제 사람이 될까요?' 땀인지 눈물인지 눈

앞이 흐려지고 아팠다. '다시는 성질 내지 말자!'

그 후 5년이 지난 2010년 가을, 아내는 처음으로 10킬로미터를 뛰었다. 나는 다소곳이 아내와 발을 맞추어 뛰었다. 돈 내고 10킬로미터는 처음이었다.

'내년 봄에는 하프를 함께…….' 혼자서 웃었다.

"하나님이 무어라 하시던가요?"

　당신이 앞에 앉아 있다 생각하고 마음에 있는 말을 좀 하고 싶어요. 이것을 전달한다 안 한다는 나중이고, 우선은 이렇게 함으로 좀 정리를 하고 싶어요.

　당신은 영혼이 지금 고통스럽지 않나요? 아니면 조금은 아프나요? 이미 지나갔고, 다시는 안 그럴 것이고, 하나님이 용서하셨고, 뭘 그러느냐고 말할지 모르지만 하나님이 무어라 하시던가요? 당신을 나무란다기보다는, 내가 너무 아파서 그냥 좀 털어 내놓고 싶어서 그래요. 왜 이렇게 아프고 슬픈지 모르겠네요. 교회에 올라 줄줄 울면서 그렇게 말씀드렸어요. "하나님, 술잔을 들고, 목으로 넘길 때 하나님은 어디 계셨습니까? 그가 말하던 신앙의 절개와 믿음의 정조는 그 순간 어디에 있었습니까? 그의 손목을 비틀든지, 목을 꺾으시든지 하셨어야지요."

　가정교회 때, "얼마나 기분이 나쁘던지!" 했던 말이 비수로 날아와 내 가슴에 꽂힙니다. "아! 당신 너무 교만하다. 기분이 나빠! 영혼에 찔림으로 고통스러웠던 게 아니고 기분이 나빠!" 기분이 나쁜 사람은 당신이 아니고 하나님이지요. 하나님을 얼마나 만홀히 여긴 듯한 느낌이었던지! 오히려 이곳저곳에서 하나님이 고통하고 계셨던 듯한데……
당신이 자리를 옮겨가며 술잔을 들고 있는 모습을 본, 적어도 당신 주
위에 있었던 그 사람들은 앞으로 '복음'을 들으려 하지 않을 거요. 우리
가 왜 이렇게 사는데, 왜?

당신뿐만 아니라, 나의 교만을 지적하십니다. 당신에 대한 영적인
자부심. 이번에 보니 이것이 많이 나의 내면에 있었음을 알았어요. 다
른 사람들보다는 조금은 더 거룩하고, 순결할 것이라는. 난 이제 입이
열 개라도 하나님과 사람 앞에 할 말이 없는 사람이란 것을. 당신이나
나나, 우리가 은근히 맘으로 입으로 비아냥거렸던 다른 교인들과 마찬
가지로 한순간도 주님의 도우심이 없이는 타락할 수밖에 없는 존재임
을 알았네요.

내가 사실 가장 두려운 것은 '뭐 이까짓 것 가지고 그래? 있을 수 있
는 일인데'라고 당신이 말할까 봐, 당신과 직접 대화할 용기가 나지 않
았어요. 당신의 영혼이 많이 고통스럽길 바래요. 하나님의 가슴 아프
심이 느껴지길 바래요.

우리, 하나님의 거룩함에 동참하라고 부르심을 받은 것 아닌가요?
솔직히, 당신의 얘기 듣는 순간 와르르 가슴 무너지는 소리와 함께 고
통이 막 밀려오면서 울고 싶습니다. 그 자리에서. 시간이 가면서, 슬퍼
지고 외로워지고 자기연민에 빠지면서 당신을 미워하기 시작했고요.
이것은 사탄이 나의 감정을 공격하는 것임을 알게 되었습니다. 이렇게
라도 해서 감정적인 데서 벗어나고 싶어요. 하나님의 도우심을 구하고
있어요.

당신, 나 아프게 하지 마. 당신이 나를 아프게 하니까, 들고 갈 곳이
없더라구요. 아무데도 갈 곳이 없어요. 어젯밤에 자리에 누웠는데, 깊

은 곳에서 아픔이 울컥 치밀어 오르면서, "하나님 한 번도 나를 실망시킨 적 없으시고…… 오! 신실하신 주……" 하며 가슴을 틀어쥐고 많이 울었지요.

우리가 각각 예수님의 신부이나 이 땅 사는 동안 부부로 살게 하셨으니, 서로로 인해 아파하지 않고 행복하게 살아야 될 것 아니오? 앞으로 나도, 나의 어떤 말과 행동이 당신을 아프게 하는지 깊이 생각하며 살려고 해요. 당신을 아프게 안 하고 싶어요. 왜냐하면 사랑하니까요.

* 이 글은 2004년 1월 복지부 단합대회에 가서, 건배를 위해 술잔을 들고 조금 마셨다는 나의 말에 대한 아내의 편지다. 아내는 이 편지를 쓰기 전 3일 동안 나에게 이야기를 하지 않았다. 이 편지는 어느 날 퇴근 후 내 책상 위에 놓여 있었다. 나는 아직도 얼굴이 화끈거린다. "주님! 죄송합니다." "아내여, 진짜 미안하고 고맙소."

시선이 옮겨지는 순간

2013년 12월 11일은 결혼한 지 30년이 되는 날이었다. 아내와 제주도로 기념여행을 갔다. 두 아들의 축하 속에 떠났다. 정말 좋은 시간을 가졌다. 이튿날은 한라산에 눈이 내려 멀리서 보기에도 아름다운 풍경이었다. 날씨도 좋았고, 그동안 살아온 모든 것이 주님의 은혜고 사랑의 손길이었음을 실감하는 시간이었다. 하나님을 찬양하고 감사했다.

셋째 날 우도에 들어가는 선착장. 막 배가 떠났다. 매표소 여직원이 뭐라고 하는데 나는 잘 듣지를 못했다. 1시간쯤 다음 배를 기다리려고 마음을 먹었다. 아내는 뭐라고 중얼거렸다. 그 순간, 아내가 나를 무시한다는 생각이 들었다. 아내가 마시고 싶다는 커피를 사주고 일부러 멀찍이 떨어져 앉았다. 아내가 말을 걸어도 못 들은 척 했다. 마음속에 섭섭함과 외로움, 배신감이 몰려왔다. 곧 배가 들어와서 우도로 향했다.

우도는 정말 아름다운 섬이다. 제주도와는 다른 분위기와 좋은 날씨로 모든 것이 환상 그 자체였다. 사람들이 탄성을 질렀다. 그러나 시커멓게 변해버린 나의 마음에 기쁨은 없었다. 감사도 없었다. 아내와 건성으로 대화를 했다. 너무 아름다운 우도에 눌려 마음은 더 오그라들고 있었다.

저녁, 제주도의 한 펜션. 무심히 김남준 목사님의 《사랑》 묵상집을 펼쳤다. "사랑은 성내지 아니하고…… 성을 내면 하나님과의 관계가 깨어지고 회복하는 데 고통과 오랜 시간이 걸린다." 그 즉시 알아차렸다. 내가 잘못했다. 내가 성을 내었구나. 하나님과의 관계에 앞서, 아내와의 관계가 깨어져버린 것이다. 바로 아내에게 용서를 구했다. 아내는 대수롭지 않은 듯 했지만, 나의 불편함을 참고 있었던 것이다. 무릎꿇고 함께 기도했다. 순간의 방심이, 아주 작은 틈이 커다란 어둠을 가져온다.

십자가의 주님을 바라보는 시선이 옮겨지는 그 순간부터 인간은 타락하기 시작한다는 지적은 전적으로 맞는 말씀이다. 사람의 편협함과 옹졸함은 죽는 순간까지 나를 괴롭힐 것이다. 그래서 나는 주님께 붙어 있기를 다시 다짐하며, 도와주시길 기도한다. 오, 주님! 저를 불쌍히 여겨주십시오.

사랑이 없으면

　주님의 사랑은 자손 대대로 흘러간다. 사랑이 영원하지 않으면 그 사랑은 진짜 사랑이 아니다. 일시적이고 순간적인 사랑을 불장난이라고 한다. 이 글을 쓰는 이유는 주님의 은혜와 사랑이 자손 대대로 흘러가게 하기 위해서다.

　주님의 사랑은 영원히 계속된다. 사람을 통해 흘러간다. 사랑을 받은 사람만 사랑을 안다. 사랑을 아는 사람만 사랑할 수 있다. 하나님은 사랑이시다. 고린도전서 13장은 사랑에 대해 많은 것을 말해주고 있다. "사랑은 오래 참고"와 "사랑은 시기하지 않고"가 사랑의 시작이다. 사랑의 본질은 요한복음 3장 16절이다. "하나님이 세상을 이처럼 사랑하사"로 시작하는 이 구절을 읽으며 깨달은 것이 있다. 하나님께서 사랑하시는 이 세상을 나는 얼마나 많이 저주하고 손가락질했던가. 하나님이 사랑하신 사람을, 사랑은 고사하고 얼마나 미워했던가에 대해 회개했다.

　삶이 의미가 있는 것은 사랑이 있기 때문이다. 아무리 인생이 힘들어도 사랑이 있으면 아름답다. 소망이 있다. 아무리 잘 살아도 사랑이 없으면 그 인생은 사는 게 아니다. 불쌍하다. 어려워도 사랑을 택하자.

우선은 눈에 보인 것이 좋아보여도, 사랑이 없으면 나중에 후회한다. 남는 게 없다. 불장난은 재밖에 남는 게 없다. 바람에 날려 사라진다. 사랑이 없는 열심은 껍데기다. 끝까지 남는 일을 위해 힘을 쓰자. 사랑은 영원하다.

그리운 그 시절

부산 아미초등학교 8회, 자랑스럽다. 옛날에는 부끄러웠다. 우리 아이들이 아미초교를 6개월씩 다닌 것에 깊이 감사한다. 아미동의 추억을 함께 공유할 수 있다는 것이!

6학년 때인가, 동래 온천장으로 소풍을 갔다. 어디서 왔냐고 물었다. 씩씩하게 대답했다. "아미국민학교요!"라고. 그 아저씨는 대뜸, "도둑놈 동네에서 왔네"라고 했다. 그때는 그 의미를 몰랐다. 영화 〈사생결단〉의 배경이 아미동이다. 1960년대, 그때는 다 못살았다. 세끼 밥 챙겨 먹는 집이 드물었다. 수업시간에 못 먹어서 졸도하는 친구도 있었다. 선생님은 정신 차리라고 큰 손으로 뺨을 계속 때렸다. 우리 반 70여 명 중에서 여덟 명만 중학교를 갔다. 학비를 못 낸 아이들과 함께 수업시간에 쫓겨나갔다. 반장인 나보고 함께 가서 받아오라고. 집에는 아무도 없다. 우리는 광복동까지 몰려가서 놀다 왔다. 그래도 즐거웠다. 천마산과 아미산을 뛰어다녔다.

어느 봄날, 산자락에 있는 친구 집 부뚜막에서 마신 쑥국, 찌그러진 냄비에 담긴 식은 쑥국, 이 세상 어느 음식보다 맛있었다. 나는 그 아미동이 그립다. 그 시절이 그립다. 그때의 친구들이 보고 싶다.

주님의 기쁨이 되려면

　양환이가 초등학교 때, 가족들이 강화도에 놀러갔다. 돌아오는 버스에 앉아 기다리면서 빵을 먹었다. 양환이는 빵을 너무나 맛있게 먹었다. 황홀할 정도로 맛있게 먹었다. 그 모습을 바라보는 나의 마음은 너무 기뻤다. 가슴 깊은 곳에서 기쁨이 차오르는 것이었다. 그리고 잠깐 뒤, '아! 하나님께서도 자녀 된 우리가 기뻐하는 것을 보시고 기뻐하시겠구나' 하는 마음이 들었다. 살면서 가장 가슴 아픈 것은 아이들이 문을 쾅 닫고 제 방에 들어가는 것이다. 한숨 푹푹 쉬면서 기가 죽어 있을 때, 부모의 가슴은 오그라든다. 주님의 기쁨이 되기 위해서는 우선 내가 기쁘게 살아야겠다. 그래서 "항상 기뻐하라"고 하셨는가 보다.

나의 일상, 주님과 함께

영국에서 4년간의 공부를 마치고 돌아오면서 다짐을 했다. 한국에 가면 새벽기도를 드리자. 급할 때나 어려울 때만 주님을 찾을 것이 아니라, 평소에 주님과 상의드리며 살자.

그 후 1주일에 4, 5일은 새벽기도에 나갔다. '말씀대로 살라'는 것은 주님의 일관된 명령이며, 축복의 약속이 붙어 있다. 하나님의 말씀인 성경은 예수 믿고 나서 1년에 한 번 이상, 2010년부터는 매년 2독을 했다. 출근 전에 매일 10쪽씩 읽었다.

아침 4시 15분에 알람이 울린다. 의식이 들면 시편 23편을 외운다. 영어로도 외운다. 간혹 시편 1편도 외우면서 일어난다. 잠들 때도 시편 23편을 외우면서 잠이 든다. 죽을 때도, "······ 나의 평생에 선하심과 인자하심이 정녕 나를 따르리니 내가 여호와의 집에 영원히 거하리로다" 하면서 잠들고 싶다.

비싼 옷보다 좋은 몸을

　사람들은 비싼 옷을 사려고 돈을 번다. 몸을 버려가면서, 심지어는 가족을 내팽개치면서 돈을 번다. 돈 때문에 건강을 버리고 목숨을 버리기도 한다. 나의 양복은 주로 기성복이다. 아무거나 잘 맞는다. 아직 배가 안 나와서다. 새 옷을 입어볼 때, 배를 넣는다. 그리고 다짐을 한다. 운동을 열심히 하고 덜 먹어야겠다고. 조금만 방심하면 체중은 금방 는다.

　뛰면 처음에는 숨이 차고 힘이 든다. 그래도 뛴다. 몸이 무거우면 마음도 무거워지고 인생이 무거워진다. 쉽게 피로해지고 재미가 없다. 그래서 뛰어야 한다. 옷을 사려고 애쓰는 것보다 좋은 몸을 가지려고 노력하는 것이 더 중요하다.

돈의 주인은 하나님

　돈은 필요하다. 때로는 목숨과 바꾸기도 한다. 그러나 인간관계를 깨트리는 것도 대부분 돈이다. 돈 때문에 사람을 버리는 일이 많다. 돈이 없어서 사람답게 살지 못하는 경우도 있지만, 많아서 사람 구실을 못하는 경우도 있다. 돈을 모으기 위해서, 애써 무시했던 도움의 손길도 많았다.

　"부자 되세요"와 "대박나세요"라는 말에 유감이 있다. 돈이 최고의 가치가 되면, 돈은 추한 것이 된다. 더구나 한 사회나 국가의 목표가 돈이 되면 문제가 있다. 이 세상에는 돈 이상의 가치가 있다. 사랑, 신뢰, 공동체, 희망 등이 우리의 가치가 되어야 한다.

　돈의 위치를 제대로 찾아주어야 진짜 부자가 될 수 있다. 특히 예수 믿는 사람은 돈이 주인 행세를 하지 못하도록 해야 한다. 돈의 노예가 되어서는 안 된다. 돈을 다스리고 관리하는 '선한 청지기'가 되어야 한다. 그래서 성경은 돈을 '사랑하는 것'이 악의 근본이라고 했나 보다.

내 아들은 무적해병

　강화도 옆의 교동도라는 작은 섬에 해병으로 근무하는 작은아이 면회를 다녀왔다. 바람 부는 가을. 철책선이 늘어진 숙영지 곁의 도로에는 황량한 바람이 불었다. 기록상 겨울의 그곳 최하기온은 영하 40도라고 했다. 아내가 아이가 있는 곳을 직접 눈으로 보고 싶다고 노래를 불러 모처럼 시간을 내어 간 것이다.

　외출을 얻어 섬의 이곳저곳을 다니다 한적한 곳에 돗자리를 깔고 집에서 준비해 간 점심을 먹었다. 이런저런 이야기를 나누며 해병의 실제 모습에 대해 들었다. 그곳에서도 훈련이나 일보다 사람이 어렵다는 것이 사실이었다. 하지만 해병의 자부심은 타군의 추종을 불허한다는 것 역시 확인할 수 있었다. 작은아이의 이야기 중, 북쪽의 병사를 보고 한 손을 흔들면 저쪽에서는 두 손을 들고 반갑게 흔든다고 했다. 손에 잡힐 듯이 보이는 북녘의 산과 들이 무척 가까이 느껴졌다. 집에서 아내와 저녁을 먹을 때 창밖으로 서쪽 하늘에 노을이 지면 아내는 늘 "홍환이가 보고 싶다"고 했다.

　저녁 배를 타고 교동을 떠날 때, 아이와 우리 부부는 계속 손을 흔들었다. 갈매기 떼들은 배를 따라 어지럽게 날았고, 나는 아이가 조그맣게 보일 때까지 손을 흔들었다. 무심코 옆에 있는 아내를 보았다. 아내의 두 뺨에는 눈물이 흐르고 있었다. "내 심장의 한 쪽을 이곳에 묻고 간다"고 하면서 아내는 눈물을 닦았다. 바닷바람이 시렸다.

해병과 북한 병사의 손 흔듦, 우리 부부와 아이의 작별의 손 흔듦이 겹쳐져 보였다. '아. 통일이 되기는 되어야 하겠구나' 하는 생각이 가을 바람처럼 스쳐갔다. 그 후 바람이 세차게 불면 아내는 "홍환이가 보고 싶다"고 혼잣말을 했다. 난 못 들은 척 했다.

우리 집 수탉 이야기

　우리 집에는 암탉 네 마리와 수탉 한 마리가 있다. 그래서 유정란을 낳는다. 아주 맛있다. 그런데 보름 전부터 수탉이 새벽 네 시 반부터 울기 시작했다. 새벽기도를 다녀오는 여섯 시까지 계속 운다. 아주 크게.

　우리 집은 다세대 주택인데 옥상에는 우리만 쓰는 조그만 텃밭이 있다. 백일홍 나무가 예쁜 꽃을 피우고, 고추 네 그루가 고추를 맺고, 방울토마토, 국화, 채송화가 제 마음대로 자란다. 닭장에는 동네 참새들이 날아와 닭 모이를 먹고 물도 마시고 간다. 간혹 고추잠자리 나는 모습을 보면서 도심 속에서의 한적함을 맛보는 행복을 누린다. 잉글리시티를 타서 들고 하늘을 즐기기도 한다.

　나는 잠결에라도 닭 우는 소리를 들으면, 고향의 향수 같은 아련함을 느끼고 마음이 좋아진다. 반면에 아내는 닭소리가 이웃에 폐가 된다고 불편해한다. 장모님과 아는 사람들에게 도시에서 닭을 키우는 것은 맞지 않다고 불평을 한다. 다들 아내의 말에 동조한다. 나는 내 어머니와 직장 동료들에게 같은 이야기를 한다. 그러면 나에게 아주 낭만적이라고 하면서 참 좋겠다고 부러워한다.

　그런데 수탉이 너무 크게 너무 오랫동안 우는 것이다. 목청이 아주 좋다. 갈수록 소리가 커진다. 때깔도 점점 좋아진다. 수탉의 위용이 나타난다. 그러나 시도 때도 없이 울어대는 수탉의 소리에 급기야 아내는 "사람 좀 살자"고 내게 하소연을 한다. 견디다 못해 나는 이번 추석에 어른들이 올라오시면 수탉을 잡겠다고 약속을 했다. 사실 본 마음은 추석 때까지 아내가 닭 울음소리에 적응되기를 바라는 것이었다.

　아침 식사기도를 하면서 아내가 닭소리에 신경이 조금 무디어지기를 간구했다가 기도 후 엄청난 비난을 받았다. 잡으라는 닭은 안 잡고 마누라 말라 죽는 것을 보려 하느냐고. 얼마 후 닭과 닭장을 없앴다.

주님의 영광과 임재를

아침 일찍 양환이와 버스를 타고 분당으로 갔다. 예전에 이찬수 목사님 설교를 인터넷으로 들은 적이 있다. 양환이가 은혜 있는 예배를 드렸다고 꼭 가보자고 했고, 담임목사님께서도 당회원들에게 다른 교회 탐방을 권하셨다.

8시 25분, 예배 시작 35분 전에 도착해 본당(송현고교 체육관)의 앞에서 일곱 째 줄에 앉았다. 대부분의 자리가 이미 차 있었다. 머리 숙여 기도를 하려는데, 스치는 생각은 우리 교회가 '게으르다'는 것이었다. 예배 시간이 되어도 비어 있는 자리는 은혜를 사모하지 않고 마냥 안일하게 주저앉아 있는, 그냥 스러져가고 있는 모습이 아닌가 생각되어 가슴이 아팠다. "하나님! 저희 상도교회에도 은혜를, 하나님의 영광을 보여 주십시오"라고 기도드렸다.

8시 45분, 성가대가 강단 전면에 나와서 인도자와 함께 온 회중이 찬양했다. "우물가의 여인처럼 난 구했네. 헛되고 헛된 것들을……." 그냥 눈물이 나왔다. 슬퍼서도 기뻐서도 아닌, 그냥. '지난 50여 년의 내 인생이, 그렇게 발버둥 치며 살아온 것이, 헛된 것들을 구했던 것이, 참으로 헛된 것이었나?' 이어지는 찬양의 가사는 더욱 나를 부끄럽게 했지만 "내 잔을 높이 듭니다. 하늘양식 채워주소서. 넘치도록 채워주소서……" 눈물 속에 심령의 잔을 높이 들었다. 하늘을 우러러보았다.

장로님의 대표기도는 진솔하고 수수했다. 성가대의 복장과 찬양 역시 소박했다. 하지만 은혜가 있었다. 목사님의 설교는 '눈물의 경고'였다. "콜라병에 든 환타처럼, 겉은 그리스도인이나 알맹이는 없는, 경건의 능력이 없는 우리의 모습, 자기숭배라는 우상과 큰 것과 성공만을 추구하는 변질된 신앙, 옥한흠 목사님 3주기 이야기…… 누가 우리를 심판자의 오만함에 머물게 하였나. 가슴 아픈 회개, 복음의 기쁨으로, 다시 복음으로 돌아갑시다." 기도와 축도 후 전 교인은 '이 길 끝에서 주를 만나리라' 찬양을 부르며 나왔다. 마음이 뿌듯했다. 양환이와 힘차게 껴안았다. 아무 말 없이. 소망이 넘쳤다. 하나님의 영광을! 하나님의 영광을 구하리라 다짐하면서.

10시 7분, 이미 문 앞에는 11시 3부 예배를 위해 많은 성도들이 길게 줄을 서 있었다. 예배는 건물과 형식이 아니라는 것, 성령님과 그의 영향력(자발성과 생명력과 활력)에서 멀어질수록 예배가 형식적으로 변한다는 로이드 존스 목사님의 말씀이 떠올랐다. "하나님! 저희들에게 주님의 영광과 임재를 나타내주시기를 간구드립니다. 아멘!"

토지는 하나님의 것

　2014년 2월 27~28일, 강원도 태백에 있는 예수원에 다녀왔다. 아내는 교회에 일정이 있어 혼자 갔다. 10년 전쯤 아내와 함께 가서 묵은 적이 있었다. 당시 예수원 입구의 '토지는 하나님의 것'(레 25:23)이라는 구절이 아주 낯설었던 기억이 났다. 태백 버스 터미널에 내려 걸어서 갔다. 약 20킬로미터 되는 길을 걸었다. 삼수령 고개를 넘는 길은 힘이 들었고 땀이 났다. 길옆과 들판 산등성이에 하얗게 눈이 쌓여 있었다. 도로 옆 시골집 마당에 귀여운 강아지가 반갑게 짖어주었다. 강원도 고개의 조그만 샘에서 한강과 낙동강, 오십천이 나뉘어 흘러간다는 것이 신기했다. 조그만 믿음의 시작이 마침내 온 땅을 덮게 된다는 찬양 곡이 떠올랐다. 새로 산 등산화에 발이 아파오기 시작했다. 그래도 힘차게 걸었다. 하늘은 파랬고, 산과 들판에 눈이 있었지만 봄기운이 느껴지는 계절이었다. 하얀 산등성이에 매가 조용히 나는 모습이 아름다웠다.

　한 4시간을 걸어서 예수원에 도착해 숙소를 배정받았다. 땀에 젖은 속옷을 갈아입고, 저녁 식사 후 모임을 가진 후 일찍 잠자리에 들었다. 엎드려 기도하다 잠이 들었다. 다음 날 아침 모임의 말씀 묵상 순서. 시편 43편의 고라 자손의 찬양 시, "여호와는 우리의 큰 기쁨이시다." 민수기 16장의 고라와 일당의 반역 사건, 하나님의 진노하심. 그리고 히브리서 5장의 예수님의 고난을 통한 순종과 온전케 되시어 구원의 근원이 되심. 이 일련의 사건과 말씀이 나에게 파노라마처럼 다가왔다. 내가 아무리 주님의 일을 한다고 해도, 또는 믿음이 있다고 해도, 하나님께서 나의 '기쁨'이 되시지 않는다면 언제든지 '반역'의 길로 들어설 수 있다는 사실을 깨달았다. 이 세상의 일과 성공 행복이 기쁨의 이유가 된다면, 나는 또다시 세상의 기쁨을 찾아 나서게 된다는 것을 깊이 생각했다. 그리고 거기에는 진정한 기쁨이 없다는 것도 명백해졌다.

우리 주님께서는 여호와 하나님 한 분만을 기쁨의 원천으로 삼아 순종과 온전함을 이루어 우리에게 구원의 길을 열어주셨다. '고라의 당 지음과 반역'은 진정한 기쁨을 찾지 못한 데서 나오는 우리의 일상다반사라는 생각이 들었다. 아침을 먹고 숙소에 돌아와 이불을 덮어 쓰고 이 주제에 대해 무릎을 꿇고 기도하며 더 깊이 묵상했다. 그때 마음에 드는 확신이 있었다. 주님께서 물으셨다. "너에게 부족한 것이 있냐?" "없습니다." "네 기도 안 들어준 것 있나?" "없습니다."

'토지는 하나님의 것'이라는 주제에 대해 생각해봤다. 우리 사회의 많은 문제가 부동산 투기에 의한 것이라는 것은 부인할 수 없다. 심지어 교회에서도 땅값의 상승으로 인한 부의 축적을 축복이라고 여겼고, 교회가 부동산에 뛰어들기도 했다. 스스로 다짐한 것은 우리 집안은 자손대대로 땅에 대한 올바른 자세를 가져야겠다는 것이다. 레위기는 토지가 하나님의 것이라고 하면서, 우리들에게 이 땅에서 나그네와 소작인의 마음으로 살라고 말씀하신다. 어차피 우리가 영원히 살 집은 이 땅이 아니라 천국이기에. 우리 후손들은 혹 땅에서 나온 열매가 있다면 그것은 하나님 나라를 위해 이웃들에게 쓰기를 부탁한다.

　이런저런 많은 생각을 했고 홀가분한 마음으로 예수원을 내려왔다. 어제 못 본 버스 정류장의 예수원 안내도에는 미가서 6장 8절 말씀 "정의를 행하고 인자를 사랑하며 하나님과 겸손히 행할 것"이 적혀 있었다. 나에게 하시는 주님의 명령으로 받았다. 가벼운 마음으로 서울로 돌아왔다. 하지만 나의 남은 인생에 오랫동안 기억될 '예수원에서의 이야기'가 될 것이다.

CHAPTER 4

모든 것
내려놓고

우리 모두는 행복했다. 감사했다. 그때 마음에 드는 생각, 주님께서는 "길상아, 나하고 다니니까 노는 물이 다르제? 진짜 기쁘제?"라고 하셨다. 그랬다. 내가 하는 일들은 언제나 한계가 있고 기쁨에도 불순물이 있는데, 주님께서 하시는 일은 완벽하며 그 어떠한 한계도 없다. 그의 사랑과 그의 행하심은 그렇다. 짧은 시간이지만 천국을 맛보았다.

나의 첫사랑

1981년 화창한 봄날이었다. 개나리가 화사하게 핀 대학 교정에서 한 여학생을 기다리면서, 나에게 아직 이런 감정과 기대가 남아 있는 것에 스스로 의아했다. 당시 나는 군대를 막 제대하고 돌아온 4학년 복학생이었으며, 아무것도 해 놓은 것 없는, 또 앞날이 불확실한 백수 비슷한 청년이었다. 그런 내가 양갓집 규수를 만나서 사랑을 고백하고 앞으로 잘 사귀어보자, 그리고 결혼도 생각해보자는 이야기를 할 참이었다. 언젠가 어느 영시에서 외운 'Come! Live with me and be my love'라는 구절도 써 먹으려고 마음속에 꼭 담아놓고 두근거리는 가슴으로 그녀를 기다리고 있었다.

다들 취직 준비한다고 바쁘던 때에 주제도 모르고 나 혼자 사랑 타령을 하고 있었던 데는 이런 배경이 있다. 얼마 전 어머니의 오래된 강요에 못 이겨 나가기 시작한 교회와 예수라는 '청년 혁명가' 때문이었다. 당시 나는 예수를 로마의 학정에서 민족을 구하기 위해 노력한 독립투사로 알고 있었다. 그날 사랑고백을 나서기 전, 혼자 찬송가를 들고 아무도 없는 들판에 나가 힘차게 찬송을 몇 곡 부르고, 난생 처음 기도라는 것을 했다. "하나님, 제가 오늘 황혜연에게 프러포즈를 하러 가는데 안 떨리게 해주시고 앞으로 일이 잘 되게 신경 좀 써 주십시오."
처음 하는 기도인데도 무언가 마음이 찡해오는 것을 느꼈다.

그로부터 얼마 뒤 교회에서 부흥회를 한다고 해서 갔다. 다들 은혜
를 받아야 한다고 하는데, 나는 은혜가 뭔지도 모르고 받는 방법도 몰
랐다. 아무도 은혜 받는 방법을 가르쳐주지 않았다. 그러면서 3박 4
일의 부흥회는 자꾸 지나가고 있었다. 사람들은 말씀이 은혜롭다, 은
혜 많이 받았다고 싱글벙글하는데, 나만 혼자 어정쩡하게 은혜를 받은
양, 아닌 양 하면서 계속 새벽과 저녁 집회에 참석했다. 왜 나만 빼고
자기들끼리 은혜를 나눠 가지는가에 대한 불만과 의심을 감춘 채 3일
째 저녁 역시 내게는 썰렁하게 지나갔다. 사람들은 아주 상기되어 있
었고 집회의 분위기는 남이 보면 미친 것같이 보일 정도로 뜨거웠다.
이제 남은 것은 새벽집회 한 번밖에 없는 상황에서 초조해지기 시작했
다. 이러다가 본전도 못 찾을 것 같았다. 은혜가 뭔지 받아보겠다고 공
부도 뒤로하고 꼬박꼬박 참석했고, 아까운 용돈도 헌금으로 다 드렸는
데 말이다. 남들이 또 은혜 받았느냐고 물어보면 뭐라고 대답해야 할
지 걱정도 은근히 들었다. 집회에 참석하면서 은혜를 받아보려고 강사
목사님의 말씀에 귀를 기울여 들었고 찬송을 부를 때도 악을 쓰면서 크
게 불렀는데도 나에게는 아무런 은혜의 그림자도 비치지 않고 그냥 그
밤이 지나갔다. 은혜가 도대체 무엇이기에 저 사람들은 저리 좋아서
얼굴에 웃음이 만발하는지 알 수가 없었다.

드디어 마지막 집회인 새벽이 되었다. '이제 마지막이다. 이번에 뭔
가를 받지 못하면 나는 끝장이다'는 절박한 심정이 되었다. "하나님!
저에게도 뭔가를 좀 주십시오" 라는 기도가 절로 나왔다. 점점 시간은
가고, 이제 끝으로 그동안 은혜 받은 것을 서로 발표하고 강사 목사님

께서 모든 사람에게 안수기도를 하고 부흥회를 마친다는 것이었다. 도대체 은혜는 어디에 있는 것인지. 모두들 나가서 자신이 받은 은혜에 대해 쏟아놓았다. 그러던 중 담임목사님의 막내아들인 초등학생까지 나가서 "저도 은혜를 받았습니다"라고 발표를 시작했다. 주로 군대에 가 있는 형에 대해 이야기하면서 "형이 보고 싶고 편지라도 자주 하고 형을 위해 더 열심히 기도해야겠다"고 했다. 이어서 각자 소리 내어 기도를 하자, 강사 목사님께서 앞에서부터 안수를 해오기 시작했다. 나도 "하나님, 저에게도 믿음의 은혜를 주십시오. 뭔가 잡히는 게 있어야 믿을 것 아닙니까? 이렇게 끝나버리면 저는 어떡합니까?" 라는 내용의 기도를 시작했다.

그때 마음 깊은 곳에서 '저 꼬마도 형을 위해 기도하고 더 사랑해야겠다고 하는데, 나는 그동안 무엇을 하고 살았지?' 하는 생각이 들었다. 진지하지 못한 일상생활에 대한 반성과 함께, 남을 사랑하지 못한 내 자신에게 생각이 미치자 말로만 들어서 알고 있던 그 청년 예수가 불현듯 나에게 다가와 "길상아. 내가 너를 살리려고 죽었다"라는 말씀을 하시는 듯했다. 그때 나도 모르게 소리쳤다. "아이고! 주님, 제가 죄인입니다. 저는 그동안 나 말고는 아무도 사랑해본 적이 없는 죄인입니다." 탄식과 함께 눈물이 왈칵 쏟아졌다. "주님, 저 같은 놈을 살리려고 십자가에 못 박히셨습니까? 주님, 정말 감사합니다. 감사합니다." 내 가슴은 터질 것 같은 흥분과 안타까움으로 눈물과 콧물이 범벅이 되었다. "주님, 저에게도 은혜를 주셔서 감사합니다." 울다가 웃다가 하는 사이에 강사 목사님께서 몇 차례 등을 두드리며 안수하시고 지나간 후에도 한동안 엎드려 나의 죄성과 교만, 믿음 없음에 대해 울고 불며 가슴을 치는 동안 사람들은 거의 다 돌아가고 나만 남았다. 그렇게 부흥회는 끝이 났다.

이제 집에 가야지, 하면서 예배당을 나서 교회 문을 나서는데 늘 보던 교회 앞모습이 전혀 낯설어 보이며 환하게 빛이 나는 것 같았다. 지나가는 사람들이 모두 나에게 인사를 하는 것 같은 느낌이 들어 나도 모르게 히죽거리면서 걸었다. '내가 이제 새사람이 되었나?' 그런 기분에 어리둥절하던 그때가 엊그제 같은데, 세월이 벌써 20년이 지났다.

요즘 구역예배 때 '하나님을 경험하는 삶'을 공부하면서 '그래 맞아. 그때 하나님께서 그렇게 하셨구나' 하는 생각을 자주 한다. 성령님께서 내 인생에서 일하지 않으시면 영적인 진리를 깨달을 수 없다는 것과 하나님은 사랑이시며 전지전능하시다는 것을 믿고 알게 되었고 또 경험하게 된 것이다. 그때의 그 낯선 청년 혁명가는 이제 'my LORD and my GOD'이 되었고, 오직 그분만을 통해 저 찬란한 천국에서 영원히 영원히 찬양하며 살게 된다는 것을 알고 믿게 하시니 이 얼마나 놀랍고 감사한 일인가. 개나리 꺾어 들고 시를 보내던 그 여학생은 이제 나의 아내가 되었고, 두 아이의 엄마가 되었지만, 살면서 보니 흠도 많고 성격도 안 좋다. 나는 더 나쁘지만. '나의 영원한 사랑은 오직 예수님. 오직 그분!'이라는 첫사랑의 고백을 다시 한 번 되뇌어본다. "나의 힘이 되신 여호와여 내가 주를 사랑하나이다"(시 18:1).

"네 믿음이 어디 있느냐?"

영국에서 박사 공부를 할 때였다. 그때의 상황은 참 어려웠다. 처음 2년은 정부에서 지원을 받아 문제가 없었으나, 나머지 2년은 휴직을 하고 자비로 하다 보니 재정적으로 어려웠다. 학위논문은 언제 끝날지 모르는 상황이었다.

나오기로 했던 장학금은 어디서도 오지 않고 더 이상 가져다 쓸 돈도 없었다. 은행의 잔고는 바닥을 보이고 있었다. 한마디로 암담한 현실이었다. 어느 날 가정예배를 드리는 중에 주기도문의 "일용할 양식을 주옵시고……"라는 대목에서 울컥 눈물이 쏟아졌다. 늘 외워오던 주기도였는데, 먹을 것이 아쉬운 형편이 되니까 일용할 양식을 구하는 주님의 기도가 가슴에 와닿았다.

어려움에 처한 첫 번째 반응은 사람에 대한 섭섭함이었고, 다음은 하나님께 대한 항의였다. '공부를 시켰으면 여건을 만들어주셔야지, 이게 뭐하는 겁니까? 누가 박사하고 싶다고 했습니까?' 한동안 항의를 계속했음에도 현실은 개선될 여지가 보이지 않았다. 그다음에 생각한 것이 기도는 구체적으로 해야 한다는 것이었다. "돈을 주십시오. 앞으로 공부를 마칠 때까지 필요한 1만 파운드(당시 1,500만 원)를 주십시오. 전능하신 하나님께서 못 주실 이유가 뭐가 있겠습니까? 1만 파운드 내놓으십시오." 아주 구체적으로 집세, 생활비, 전기세 등등 조목조목 이유를 들어서 기도를 올렸다. 그래도 돈은 아무데서도 안 왔다. 단 한 군데 통장에 입금되는 것은 상도교회에서 보내주는 500불이 전부였다. 그 돈으로는 집세는 고사하고 네 식구가 먹고살기도 어려웠다. 세월이 지난 후 알았다. 왜 요청도 하지 않았는데 교회에서 매달 장학금으로 500불을 보내겠다고 했는지. 그 당시로는 500불이 별 도움이 되지 않았다. 그렇게 시간이 흘렀다. 공부를 해도 놀아도 머릿속은 온통 돈 생각뿐이었다.

　1993년 12월 어느 날, 심한 몸살이 걸렸다. 몸은 춥고 뼈마디는 쑤시고 머리는 빠개질 듯이 아팠다. 연구실에서 책을 보다가 너무 추워 바닥에 박스를 깔고 벽에 붙은 라디에이터에 기대어 누웠다. 한동안 누워 있다가 벌떡 일어나, 매일 읽는 성경의 계속되는 부분을 소리 내어 읽었다. 누가복음 8장의 예수님께서 풍랑을 잠잠케 하신 장면이 지나갔다. 그때 "네 믿음이 어디 있느냐?Where is your faith?"에 눈이 갔다. 주님께서 제자들에게 하신 말씀이었다. 그런데 그 구절이 "길상아, 네 믿음이 어디 있느냐?"로 들려왔다. 주님께서 나에게 물으시는 것이었다. 잠깐 멈추어 '예? 제 믿음요?' 하고 생각했다. 그리고 나도 모르게 "주님, 제가 잘못했습니다"하고 엉엉 소리 내어 울기 시작했다. 의자에서 내려와 연구실 바닥에 엎드려 울었다. 내 믿음이 어디에 있는지 생각해 보니 먹고사는 것에, 돈에, 빨리 박사학위를 받아 서울로 돌아가 승진하고 출세해야 한다는 '세상의 것'에 있었다. 울면서 하나 더 생각했다. "그러면, 주님! 제 믿음은 어디에 있어야 합니까?" 당연히 나의 믿음은 '예수 그리스도께 있어야 한다'는 것을 잊고 있었다.

어느 날 데살로니가전서 5장의 "항상 기뻐하라…… 이는 하나님의 뜻이니라"는 말씀을 읽었다. 그래서 주님께 여쭤보았다. "주님은 제 처지에서 기뻐하실 수 있겠습니까? 감사하고 기뻐해야 할 아무런 이유가 없는데 기뻐하는 것은 미친 사람이나 가능한 것 아닙니까?"라고 항의했다. 며칠을 고민하면서 찾은 해답은 "그리스도 예수 안에서"라는 구절이었다. 그렇다. 이 세상에 기뻐할 것이 하나도 없다 해도 예수님이 그리스도, 구원자가 되셨다는 그 사실 하나만으로 감사하고 기뻐할 수 있다는 것을 깨달았다. 예수님께서 피 흘려 나를 구원하셨다는 사실, 복음이 우리 삶의 기쁨의 원천이 될 수 있다는 것이다. 그럼에도 불구하고 하나님께 돈을 내놓으라고 떼를 썼으니…… 한바탕 울고 나니 머리가 맑아지고 속이 시원해졌다. 그리고 다시 한 번 "제 믿음은 오직 예수님께만 있습니다"라는 신앙의 다짐을 했다.

그렇다고 현실 생활의 어려움이 해결된 것은 아니었다. 그렇게 기다리던 돈은 결국 어디서도 오지 않았다. 기도 중에 해결책을 찾게 되었다. 이렇게 살아서는 죽도 밥도 안 된다. 가족이 헤어져야 산다. 그래서 아내와 아이들은 한국으로 가고 나만 혼자 남기로 했다. 500불을 가지고는 한 사람 생활비밖에 안 되니 헤어질 수밖에 없었다. 아내와 두 아이는 부산으로, 나는 영국 가정집의 자취방으로 들어갔다. 부산에서의 고생은 아내의 표현에 의하면 '불시험' 그 자체였다. 아내는 더욱 하나님께 매달릴 수밖에 없었고, 나는 보고 싶은 가족을 생각하면서 공부에 매진했다. 어떤 때는 가족이 너무 보고 싶어 울었다. 공부를 그만두고 한국으로 돌아가고 싶다는 생각도 자주 했다. 모든 것을 포기하고 싶었다. 심지어는 예수를 믿은 것에 대한 회의도 들었다. 그렇지만 먼 훗날 주님께서 "너에게 기회를 주었음에도 너는 무엇을 했느냐?"라고 물으시면 뭐라고 대답할까 싶은 생각에 포기할 수 없었다. 또한 힘들고 어렵다고 그만두는 모습을 보이는 것은 아버지로서의 도리가 아니라고 생각됐다. 그래서 더 열심히 공부하고 치열하게 살 수밖에 없었다.

다시 한 번 돈 문제에 대해 하나님께 진지하게 여쭈었다. 잠들기 전 하숙방의 차가운 침대에 누워 "하나님, 이 세상 모든 것이 하나님 것이라면서 왜 저희들에게는 그렇게 인색하십니까?" 물었다. 그러던 어느 날 성경을 읽으면서 대답을 들었다. "하나님과 재물을 겸하여 섬기지 못하느니라." 마태복음 6장 24절이다. 있는 것을 족하게 여기는 것, 세끼 밥 먹는 것으로 오히려 감사할 수 있고 하나님을 찬양할 수 있게 된다.

어려움 가운데서도 세월은 갔다. 6개월 후 나는 박사학위를 받았다. 그리고 한국에 돌아와 꿈에서도 그리워하던 가족을 만났다. 상도동 반지하방 두 칸에서 우리 가족은 다시 시작했다. 이제는 안다. 왜 하나님께서 그때 돈을 안 주셨는지. 만약 그때 1만 파운드가 생겼다면 학위를 못 마쳤을 것이다. 나아가 나의 신앙을 지키지 못했을 것이다. 정말 아무것도 없어 먹을 양식이 걱정될 때 도리어 "주님, 감사합니다"라는 고백이 나왔다. 그리고 하나님께서는 홀로 영광을 거두고 싶어하신다는 것을 알게 되었다. "여호와께서 홀로 그들을 인도하셨고 함께한 다른 신이 없었다"(신 32:12). 이 말씀 때문에 하나님께서는 다른 장학금과 돈을 다 끊으시고 상도교회의 장학금 500불만 남겨 놓으셨다.

그 후로 삶의 목표가 바뀌었다. 돈, 출세, 명예, 그 어느 것도 우리의 목표가 될 수 없고 되어서도 안 된다. 오직 예수 그리스도가 우리의 주님이시라는 것만이 우리를 진정으로 행복하게 만든다. 한때는 내 마음대로 살면 행복할 줄 알았다. 천만의 말씀이다. 돈을 펑펑 쓰면서 온갖 쾌락을 즐기고 논다고 해도 행복하지 않다. 우리는 하나님의 뜻대로, 하나님의 말씀대로 살아야 행복하다.

하나님께 영광 돌리는 방법을 나누고 싶다. 사람들은 돈을 많이 벌어서 하나님께 많이 드리고, 출세를 해야 하나님께 영광을 돌리는 것이라고 생각하는데, 그렇지 않다. "예수 그리스도를 주라 시인하여 하나님 아버지께 영광을 돌리게 하셨느니라"(빌 2:11). 모든 사람이 '예수 그리스도, 나의 주님! 예수 그리스도, 우리 주님!'이라고 고백하는 것을 하나님은 기뻐하신다. 이것은 전도를 통해 이루어진다. 복음은 하나님의 능력이다. 하나님의 능력을 체험하고 싶으면 전도하면 된다. 전도의 핵심은 예수가 그리스도이시며 우리의 주님이시라는 것이다. 주님께서 우리를 구원하신 것은 입으로 말로만 하신 것이 아니다. 피 흘려 목숨 바쳐 사랑으로 구원하셨다. 신앙생활은 목숨을 걸고 하는 것이다. 어차피 한 번 죽는 것, 예수 믿고 죽으면 천국 가는데 무엇이 어렵겠나!

지금의 형편과 사정이 어렵다면 주님의 축복을 엄청 받고 있는 것이다. 우리를 믿음의 사람으로 만들어 복 주시고자 하는 것이다. 구원자 되신 그 주님은 지금도 우리에게 물으신다. "네 믿음이 어디 있느냐?"라고. 이때 우리 모두는 "예, 주님! 제 믿음은 오직 주님께만 있습니다"라고 큰소리 외쳐 대답할 수 있어야 한다.

그리운 후배 정철수

　1987년이었던가, '생활보호과'에서 사무관으로 근무할 때였다. 당시 사회복지 전담공무원은 전국에 89명이 있었다. 그 제도가 생긴 후 처음으로 뚝섬의 사회복지연수원에서 교육이 있었다. 그곳에서 대학 후배 정철수를 만났다. 강의를 마치고 그와 같이 버스를 타고 집으로 돌아가는 길에 이야기를 나눴다.

　그는 영세민 밀집지역인 관악구 봉천3동에 근무했다. 지금은 큰 아파트 단지가 들어서 예전의 모습을 찾아볼 수가 없다. 업무상 관악구를 자주 방문했고, 특히 봉천3동은 주말마다 갔다. 업무 이야기도 많이 나눴지만 살아가는 이야기도 많이 했다. 한 가지 이상한 것은 그는 나이가 많은 노인들에게도 반말을 한다는 것이었다. 내가 그러지 말라고 하자, 그는 "여기서는 어른들에게 말을 높이면 라포르rapport가 생기지 않습니다. 제가 말을 놓아야 어른들이 마음을 열고, 하고 싶은 말을 하면서 친해집니다"라고 했다. 그는 동사무소 직원뿐 아니라 동네사람 모두와 친했다. 자신의 복지 업무를 통해 많은 사람들이 삶의 의욕과 희망을 가지게 된 것에 대해 자랑했다. 우리는 영세민 지역의 좁은 골목을 허리를 숙이고 다니면서, 생활보호대상자들의 어려운 살림과 쥐

꼬리만 한 정부의 지원과 인생살이의 무거움에 대한 대책을 찾고자 애썼다.

어느 겨울밤, 아내와 다투고 집을 나와 갈 곳이 없어 늦은 시간이었지만 혼자 그 골목길들을 걸었다. '아! 나는 얼마나 사치하면서 사는가.' 행복에 겨워, 있는 것에 감사하지 못하는 나 자신의 모습에 한숨이 나왔다. '생보자를 위해 누가 그들의 입장과 필요를 대변해줄 수 있을까' 하면서 스스로 자긍심과 사명감을 불태웠다. 정부에서는 이틀이 멀다 하고 '영세민 종합대책'을 만들어 회의를 했다. 현재 복지정책 과장을 맡고 있는 손건익 과장과는 같은 과에 근무했다. 어려운 여건 속에서도 잘해보려는 일념으로 업무에 대해 자주 싸웠다. 그 당시의 시대 상황은 소위 '민주항쟁'으로 서울 시내 곳곳에서 시위가 있었다. 학생들은 돌과 화염병을 던졌고, 전경들은 최루탄을 쏘았다. 퇴근 때 만원버스를 타고 숭실대 고개를 넘어가면 최루탄 가스가 들어와 모두 재채기를 하고 눈물을 흘렸다. 특히 갓난아이의 울음소리는 모두의 가슴을 아프게 했다. 지쳐서 길바닥에 누워 있는 학생들과 전경들, 젊은이들끼리 왜 이래야 되는지에 대한 회의는 공무원인 자신의 신분에 대해 심각한 고민을 하게 만들었다.

후배와 일을 보고 시장 안의 빵집에 들어갔다. 그가 "선배님, 기도하시죠" 하길래 "사람도 많은데……" 하고 머뭇거리자, 그는 모든 사람이 들을 수 있는 큰소리로 "하나님! 감사합니다" 하면서 기도를 했다. 그 이후로 나는 사람이 많은 식당에서도 꼭 기도를 한다. 정철수는 본래 불교와 토속신앙에 관심이 많았다고 한다. 신림동에서 고시공부를 하던 어느 날, 이기백 교수의 《한국사신론》을 읽던 중 아무리 정신을 차리고 집중을 해도 머릿속에서 계속 "예수, 예수, 예수" 라는 소리가 들려 책을 덮고 나와, 교회 다니는 옆방 사람에게 예수가 누구냐고 물은 것이 신앙의 계기가 되었다고 한다. 예수를 믿고 난 후 알게 된 것은 친척 누나가 자신의 구원을 위해 오랫동안 기도했다는 것이었다. 그는 동사무소의 민원대에 앉아서도 찾아오는 사람들에게 먼저 "예수, 천당!"이라는 인사로 맞이했다.

1989년 노태우 대통령은 '6·29선언' 기념사를 통해 빈곤문제를 일시에 해결할 수는 없지만 빈곤 해소를 위한 기반을 마련하기 위해 사회복지 전문요원을 3,000명으로 늘리겠다고 발표했다. 퇴근버스 속 라디오에서 그 뉴스를 듣자 나도 모르게 눈시울이 젖어왔다. 노 대통령의 그 발표가 있기까지 얼마나 많은 사람이 수고했는지 일일이 거론하기가 어렵다. 당시 예산 당국은 영세민의 부식비를 몇 원 더 올려줄지언정 전담공무원 수를 늘리는 것은 낭비라고 주장했다. 복지부 내에도 일부 그런 시각이 있었다. 그러나 아무리 많은 돈을 써도 당사자의 현실을 도외시한 지원은 한계가 있다는 것을 점차 인식하게 되었다. 당시 생활보호 예산은 복지부 전체 예산의 절반을 넘었다. 당시 사회복지 전담공무원 1기의 수고와 땀은 오랫동안 기억되어야 할 것이다.

그 후 노 대통령은 전문요원을 청와대 오찬에 초청했다. 정철수는 당연히 초청 대상이었다. 행사 전날 우리 과 직원이 확인을 위해 동사무소에 전화를 했다. 동사무소 직원은 "정 주사는 이틀 전 사표를 내고 나오지 않습니다" 라고 했다. 그는 목회자가 되기 위해 공직을 떠났다. 나는 속으로 '대통령이 불러도, 예수님을 따라갔구나' 라는 생각이 들었다.

영국에서 공부를 하고 돌아온 1994년 신림동에서 우연히 그를 만났다. 그는 구세군신학교를 다니면서 저녁에는 포장마차 같은 것을 하고 있었다. 그의 집은 우선 보기에도 가난이 절절히 배어 있었다. 그렇지만 그의 표정과 목소리는 밝았으며 하나님을 향한 믿음은 여전했다. 재작년인가 복지정책과장을 하면서 구세군 목사님을 만나서 정철수 소식을 물었으나, 모른다는 답변만 들었다. 정철수는 지금 어느 하늘 아래 살고 있는지? 노원구의 전병달이도 그의 소식을 들은 적이 없다고 한다. 나에게 복지와 신앙과 인생살이에 대해 많은 것을 가르쳐준 정철수가 보고 싶다.

안개와 구름 낀 금적산
골짝에서
그대 만나니
두 줄기 눈물이 흐르네
그대 뼈에 사무치는
가난이 가련하고
내 머리칼은 온통 눈빛이라
한스럽도다
푸른 나무엔
비가 막 지나갔고
노란 국화는
바로 가을을 만났구나
산에 들어와
환한 달을 끌어안고서
혼과 꿈을
한가함에 다 부쳤다네
　　　 - 남명 조식

"주님, 그리도 급하셨습니까"

　　2001년 12월 12일, 브뤼셀한인교회 수요예배 때 스페인의 김대영 선교사님께서 말씀을 전하셨다. 선교지의 상황과 함께 마드리드의 교회 개척을 위한 기도 부탁을 하셨다. 12월 14일 금요일 안 장로님 댁에서 전원호 목사님과 선교사님을 모시고 점심을 했다. 식사 후 이야기 주제는 자연스럽게 교회 개척에 필요한 10만 불의 자금보다는, 우선 당장 다가오는 수요일까지 지급해야 하는 계약금 1만 불을 어떻게 마련할 것인가에 모아졌다. 마드리드 현지교회는 모아놓은 것이 없고, 그렇다고 우리 교회의 재정이 넉넉한 것도 아니었다. 한동안 무거운 침묵이 흘렀다. 내 마음도 무거웠다. 당시 나는 교회의 재정 담당 장로였다.

　　한참 후 김 선교사님이 어렵게 입을 여셨다. "브뤼셀한인교회가 계약금을 지원하여 교회 개척의 시동을 걸어주었으면 합니다. 이 교회가 한 50가정 되니까, 한 집에 200불 정도면 되는데……" 나는 속으로 '200불이 애 이름이가? 우리 교인들 중에는 형편이 어려운 집도 많은데……' 하는 생각이 스쳐가면서, 그때 내 지갑 안에 들어 있던 250불이 떠올랐다. '이 돈은 내 것이 아니구나. 마드리드교회 개척 헌금으로 드려야겠구나' 하는 생각을 했다. 250불은 얼마 전 EU를 방문한 김대중 대통령께서 대사관에 격려금으로 주신 것을 그날 오전 직원들에게 나누어준 것이다.

점심 식사를 마치고 "선교사님, 너무 서두르지 마십시오. 하나님의 뜻이라면 반드시 이루어질 겁니다"라는 하나마나 한 말을 하고 먼저 일어섰다. 5분 후 어떤 일이 일어날지 전혀 모른 채.

도시고속도로에서 대사관 사무실을 가기 위해 워터루 방향으로 접어들면서 늘 하던 대로 시속 120킬로미터 정도에서 2차선으로 들어선 후, 1차선으로 들어서려고 깜빡이를 넣었다. 왼쪽 백미러를 보니 차가 오고 있어 깜빡이를 끄고 차선을 유지하면서 앞 차와의 거리 유지를 위해 브레이크를 살짝 밟는 순간, 갑자기 차(BMW 520)가 흔들리면서 어둠 속으로 빨려 들어가는 느낌이 들었고, 차는 거꾸로 뒤집힌 채로 한참을 미끄러져갔다.

나중에 보니 차가 중앙분리대를 들이받고 공중에서 뒤집혀 날랐던 것이다. 머리를 차 천장에 대고 한참을 가면서도 '살았구나' 하는 생각은 들었다. 차가 멈추고, 사람들이 달려오고 맨 먼저 앰뷸런스가 와서 나의 상태를 살폈다. 나는 다친 곳이 전혀 없었고, 다른 차와의 추돌 사고도 없었다. 조금 후 경찰차가 와서 후속 사고가 없는 것을 보고 명함을 한 장 주고 가버렸다.

사고가 난 후부터 이상하게 하나도 안 떨리고 마음이 평안하며, '아. 이럴 땐 기도를 해야지' 하는 생각이 들었다. 도로 곁으로 옮겨진 찌그러진 차 옆에 앉아 "하나님, 감사합니다. 살려주셔서 감사합니다" 라고 기도를 드렸다. 나중에 소식을 들은 대사관 동료들은 차가 좋아서 살았다고 했다. 그러나 현장에 와서 부서진 차를 본 안 장로님은 "하나님께서 살려주셨다"고 했다. 부서진 계란껍질같이 찌그러진 차체에서 살며시 들어낸 것 같은 느낌을 받았다고 했다.

이야기가 여기서 끝나면 보통 있을 수 있는 교통사고 이야기인데…… 다들 돌아간 후 혼자 견인차가 오기를 기다리면서 고속도로에 엎어져 있는 차를 봤다. '토털로스, 보험금, 적어도 20만 프랑'이란 생각이 스쳤다. 그러자 점심 때 나누었던 마드리드 개척교회의 계약금이 머리를 스쳤다. 자동차 사고 보험금이 나오면 교회 개척 헌금으로 드려야겠다고 생각했다. 당초 계획은 귀국 시 차를 팔아 서울 가서 가전제품을 살 작정이었다.

사실 마드리드교회와 나는 상관이 없다고 생각했다. 그 자리에서 하나님께 여쭈었다. "주님, 그렇게도 급하셨습니까? 그리도 사람이 없어 저를 쓰십니까?" 그러자 내 마음에 "길상아. 그리 됐다. 양해해라" 하는 음성이 들렸다. 정말 기뻤다. 도로 위에서 춤을 추고 싶은 심정이었다. 잠시 후 "주님, 죄송합니다. 저 같은 죄인을 쓰시다니요. 할 말이 없습니다. 송구스럽습니다" 하는 마음이 밀려왔다.

그날 밤 잠자리에 누워 아내와 많이 웃었다. "차 날리고 디비졌다 살아놓고 우리처럼 좋아하는 사람은 없을끼라" 하면서. 아내는 그 즈음 읽고 있던 욥기의 하나님 말씀을 인용하여, "내 종 길상이를 유의하여 보았느냐. 차에는 손을 대되 몸에는 손대지 말라"고 했다. 그 밤에 우리는 하나님의 거룩한 이름, 구원의 하나님 그 자체만으로 행복하고 기뻤다. 가슴이 터질 것 같았다.

12월 15일 토요일 당회가 있었다. 몇 가지 안건을 논의한 뒤 전 목사님께서는 마드리드교회 개척에 대한 말씀을 꺼내셨다. 목사님도 답답하여 《하나님을 경험하는 삶》을 펴서 교회 개척에 대한 부분을 찾아

보셨다는 것이다. 교회 개척을 위해서는 성도들이 마음을 모아 기도하면, 하나님께서 한 성도에게 증거를 보여주신다는 것이었다. 그때 안 장로님과 나는 마주보며 빙그레 웃었다. "목사님, 제가 증거를 받았습니다. 내일 주일예배의 간증 시간은 제가 했으면 합니다."

12월 16일 주일, 김대영 선교사님을 모시고 감격적인 예배를 드렸다. 살아계셔서 사랑으로 역사하시는 하나님의 영광에 우리 모두는 참예했다. 예배 후의 임시 제직회에서는 다가오는 성탄절 헌금 모두를 마드리드교회 개척에 쓰기로 정했다. 제직회 중 예배에 빠졌던 진양현 집사님은 마드리드와 관련한 뜨거운 간증을 하여, 하나 되게 하시는 성령님의 역사를 우리 모두 보게 하셨다. 김 선교사님은 다음날 현금 50만 프랑(1만 불)을 가지고 선교지로 떠나셨다.

2002년 새해를 맞이한 첫 주일 예배 후 열린 제직회에서는 예결산 심의가 있었다. 그때 내 눈을 스치는 숫자 0. 연말의 많은 경비 지출과 건축비 상환, 선교비 지원 등을 하고 나면 분명히 적자가 나야 하는데, 아직 보험회사에서 보험금을 받지 못해 선교헌금을 하지 못했기에 계산상 마이너스가 되어야 하는데. '아. 교회의 살림을 하나님께서 주관하셨구나' 하는 생각이 들자 고개를 들 수가 없었다. '하나님께서 김대영 선교사님과 마드리드 교회를 통해 우리 교회와 믿음의 형제자매들에게 복을 주셨구나' 하는 생각에 가슴이 뜨거워졌다.

마드리드의 교회 개척을 통해 우리가 하나님의 신령한 복을 받게 되었구나. "주님께서 하신 일에 혹이라도 내가 나서서 왈가왈부하지 않도록 저를 도와주십시오" 라고 기도드렸다. 그 후 여러 형제들이 사고와 관련해 "장로님, 믿음 좋습니다. 은혜가 되었습니다" 라고 했지만, 내가 할 수 있는 대답은 "제가 한 것은 아무것도 없습니다. 뒤집힌 차에서 기어 나온 것밖에는……."

또 다른 은혜가 있었다. 대사관의 성경공부 시간에 갈라디아서 6장 3절, "만일 누가 아무것도 되지 못하고 된 줄로 생각하면 스스로 속임이니라"는 말씀을 읽었다. 아직 나의 갈 길이 먼데, 잠시라도 방심하여 주님을 떠나서는 안 된다는 마음이 들었다. 마음 깊은 곳에서 '세월이 지난 후 만약 주님을 떠나 바르게 살지 못해 사람들의 손가락질을 받게 된다면, 그때 그 자리에서 노 장로가 죽었어야 하는데, 라는 소리를 듣지 않도록, 주님과 사람 앞에서 깨끗하게 살아야지' 하는 다짐을 했다.

그날의 사고를 통해 한 가지 남기고 싶은 이야기가 있다면, 우리의 형편이나 사정이 어떠하든지 '살아 있다'는 그 한 가지 이유만으로 하나님을 찬양할 수 있다는 것이다. 분명한 사실은 예수 그리스도의 피 공로로 구원받은 우리는 죽음을 넘어서서, 저 찬란한 천국에서도 살아 계신 3위 1체의 하나님을 영원히 영원히 찬양하게 된다는 것이다. "주님! 감사합니다. 주님! 사랑합니다. 주님! 찬양합니다." 크게 외치는 것 말고는 주님 앞에서 할 말이 없다. 할렐루야!

보고 싶은 목사님께 1

보고 싶은 목사님! '경건의 삶' 자료 보내주신 것 감사드립니다. 경건의 삶을 통해 벨기에서 제가 받았던 은혜들이 이곳 상도성결교회에서도 이루어질 것입니다. 하나님의 뜻은 반드시 이루어지는 것을 믿습니다. 주님께서는 우리가 거룩하기를 원하시며, 주님의 능력은 성도들의 거룩함 속에서 나타난다는 것을 압니다.

오늘 받은 홍환이 편지를 그대로 옮깁니다.

사랑하는 부모님! 거창에 있는 작은놈 홍환이입니다. 건강하시죠? 저는 거창에서 하루하루 저 자신과의 싸움을 싸우고 있습니다. 마음을 아무리 굳게 먹어도 게으른 몸은 말을 잘 듣지 않습니다. 승리하는 날보다는 계획에 미치지 못해서 패배하는 날들이 더 많지만, 그래도 승리하는 날들이 있습니다. 3월 27일에 쳤던 모의고사는 비록 256점이었지만, 수능은 반드시 좋은 성과 거둘 것을 확신합니다. 아직 멀고멀지만…….

공부 잘하는 애들은 저를 무시합니다. 1학년 때는 그것이 정말 견디기 힘들었지만 이제는 당당하게 살아가고 있습니다. 1년 동안 생활하면서 그들과 저의 차이점을 발견했기 때문입니다. 다른 아이들은 비전 없이 그냥 자기들만 성공해서 편하기 위해 공부하지만, 저는 북한을 먹여 살릴 비전이 있습니다. 그래서 다른 아이들이 포기할 때, 저는 포기하지 않습니다. 그리고 그들은 지식이 있고 공부하는 요령을 알지만, 저는 지혜가 있고 하나님을 압니다. 3년 후 이것이 결과로 나올 것을 생각하면 기대가 됩니다.

어머니, 아버지, 열심히 하고 있습니다. 걱정하지 마시고 낙담하지 마세요. 저는 성공해서 북한을 꼭 도울 겁니다. 비전을 갖고 포기하지 않을 겁니다. 언제인지는 잘 모르겠지만 50등 안에 들면 올라가서 뵙겠습니다. 행복하세요.

저희 가족은 열심히 살고 있습니다. 치열하게 살고 있습니다. 하나님의 은혜 가운데 힘이 다하도록 살고 있습니다.

목사님, 얼마 전 복지부 부이사관 승진이 있었습니다. 저는 안 되었습니다. 참담했습니다. 제 동기들은 작년과 재작년에 승진했습니다. 더군다나 후배가 먼저 승진하는 모습을 웃으면서 축하해야 하는 제 마음은 쓰라렸습니다. 아무 일도 없었던 것처럼 지내기가 힘들었습니다. 하지만, 제가 예수님을 믿는다는 것을 우리 부 사람들은 모두 다 알고 있습니다. 게다가 과천청사 연합 신우회 회장을 맡고 있는 저로서는 남들처럼 불평이나 불만을 말하기가 어려웠습니다. 어느 날 새벽기도 때 하나님께 여쭈어 보았습니다. 그분의 대답은 "내가 너를 사랑한다, 믿음을 가지라"는 것이었습니다. 시간이 지나 마음이 안정되었습니다. 이틀 전 밤엔가 아내에게 지나가는 말로 "나도 때로는 활짝 핀 벚꽃나무 아래에서 목 놓아 울고 싶을 때가 있소" 하였습니다. 다음날 아침 출근할 때 아내가 "힘내소! 동네 벚꽃을 다 뽑아버릴 테니까"라고 하여 서로 마주보고 활짝 웃으며 출근했습니다. 좋은 아내를 주신 하나님께 감사드렸습니다. 아내는 교회의 풀타임 사역자같이 일하고 있습니다. 브뤼셀교회에서 배운 대로. 저는 아무 일도 없었던 것처럼 굳세게 살고 있습니다.

지난겨울 혼자서 관악산을 올라갔습니다. 서울대학이 내려다보이는 곳에서 주님께 여쭤보았습니다. 양환이가 태어났을 때부터 서울대학을 기도했는데…… 주님께서는 명쾌한 대답을 주셨습니다. "양환이는 내가 더 잘 안다. 내가 더 사랑하는 아들이다." 하나님께 감사드렸습니다.

요즘 신앙의 본질에 대해 간혹 생각해봅니다. 그리스도의 보배로운 피로 구원받은 우리들은 성도, 즉 '거룩한 무리'로서 신앙의 양심과 믿음의 정조를 지켜야겠다는 마음을 다시 새겨봅니다. 이제 부활의 아침이 다가옵니다. 브뤼셀한인교회의 성도들과 교회 위에 부활하신 주님의 은혜와 사랑이 충만하기를 기도드립니다.

2002년 4월 19일 밤, 부활의 주님을 기다리며

보고 싶은 목사님께 2

목사님, 그동안도 주 안에서 평안하셨습니까? 사모님과 세훈이 효은이 다 평강하지요? 저희들도 잘 지내고 있습니다.

지난 금요일, 부산시에 출장 갔다가 일을 마치고 혼자 해운대에 갔습니다. 온천에서 목욕을 하고 백사장으로 나갔습니다. 바다가 있었습니다. 동백섬도 있었습니다. 갈매기도 있었습니다. 방황하던 저의 젊은 시절도 있었습니다. 아내와 결혼 전 함께 걸었던 모래사장도 그대로였습니다.

그러나 저는 예전의 제가 아니었습니다. 바닷바람이 불어왔으나 제 마음은 따뜻했습니다. 왠지 깊은 곳에서 감사함과 찬양이 넘쳐 나왔습니다. 성금요일이기도 했지만, 십자가를 지신 주님, 부활하신 주님이 함께하심을 감사했습니다. 그리고 목사님이 생각났습니다. 목사님이 보고 싶었습니다. 브뤼셀교회와 성도들이 그리움이 되어 몰려왔습니다. "주님, 지난 3년의 시간 정말 감사합니다. 이제 더 잘하겠습니다" 하는 약속을 주님께 드렸습니다.

목사님, 섬기던 교회에 다시 돌아오니 '이게 아닌데' 하는 생각이 들었습니다. 예배가 왜 이렇지? 설교가 왜 이렇지? 성도들이 왜 이렇지?

등등. 교회를 옮길까, 하는 생각도 언뜻 들었습니다. 브뤼셀교회는 이러지 않았는데, 하는 생각이 많이 들었습니다. 그리고 곧 깨달았습니다. 왜 주님께서 저희들을 이곳에 부르셨는지, 왜 믿음의 훈련을 시키셨는지, 며칠 전 새벽기도 때 알았습니다. 십자가의 길이 결코 고난의 길이 아니라는 것을, 십자가의 길은 승리와 영광의 길이라는 것을 말입니다.

목사님, 주님께서 시키시는 대로 하겠습니다. 말씀대로 살겠습니다. 깨끗하게 살겠습니다.

복지부의 일도 중책을 맡았습니다. 하지만 브뤼셀에서의 경험으로 잘할 수 있겠습니다. 해운대 백사장에서 테뷰런을 쳐다보고 소리쳤습니다. "주님께서 함께하고 계십니다. 승리합시다. 믿음의 형제자매 여러분! 예수 믿는 사람답게 살아봅시다. 이 어지럽고 타락한 세상에서."

목사님, 그동안 감사했습니다. 좋은 신앙의 본을 보여주셨던 목사님을 생각하니 저도 모르게 눈물이 주르르 흐릅니다. 아내는 옆에서 또 운다고 놀립니다. 샬롬!

브뤼셀한인교회 가족들께

주 안에서 인사드립니다. 오랫동안 연락드리지 못해 죄송합니다. 전목사님, 안 장로님, 다섯 분의 안수집사님, 사랑하는 믿음의 형제자매님, CS2 식구들……. 그동안 브뤼셀한인교회를 생각만 해도 마음이 찡하고 눈물이 핑 돌아서 도저히 펜을 들 엄두를 내지 못했습니다. 그러다 보니 지금 섬기고 있는 교회가 작아 보이고 마음에 차지를 않아서, 한동안은 교회를 옮길까도 생각했습니다. 주일예배가 기대가 되지도 않고 예배를 마치고 나서도 마음에 휑한 바람이 불곤 했습니다. 교회에 가도 십자가의 주님보다는 사람들이 보이고, 사람들의 단점이 보이고, 자꾸만 테뷰런의 교회가 눈에 어른거렸습니다.

새벽기도 때마다 지금 섬기고 있는 교회를 위해 더욱 기도하고, 제가 이 교회에 있어야 하는 주님의 뜻을 헤아려보려고 많은 애를 썼습니다. 이제는 모든 것이 해결이 되었습니다. 지난 8월 12일부터 15일까지 저희 교회의 연수원(강원도 횡성군 안흥)에서 열린 '기드온 용사학교'를 다녀왔습니다. 처음에는 이 귀중한 휴가를 연수원에 가서 지낸다는 것이 어리석어 보였지만, 주님의 인도하심을 따라갔습니다.

그 집회의 주제는 '한국교회를 새롭게 하소서' 였습니다. 처음에 그

표어를 보며 속으로 웃었습니다. 한국교회는 고사하고 우리 교회도 하나 제대로 섬기지 못하는데, 섬기기는커녕, 가슴속에 응어리가 있는데, 하는 생각이 있었습니다. 그러나 시간이 가면서 3박 4일의 프로그램은 제 신앙의 시작과 끝을 다시 한 번 생각해보는 계기가 되었습니다. 그리고 주님께서 저를 위해 십자가에서 고난당하심과 그동안 저와 제 가정에 베풀어주신 은혜들을 생각해보았습니다. 저는 아주 교만한 죄인이었습니다.

예전에 그 연수원에 갈 때마다 제 개인의 시급한 기도 제목들이 있었습니다. 그러나 이번에는 가만히 생각해보니, 제 자신의 개인적인 기도 제목이 하나도 없을 만큼 하나님께서는 저에게 엄청난 복을 이미 주셨습니다. 그럼에도 불구하고 저는 작은 것들로 하나님께 불평과 불만을 가지고 있었고, 주님께서 피값으로 사신 주님의 몸 된 교회를 하찮게 여겼고, 주님의 종과 형제자매들을 손가락질했던 것입니다.

마지막 날 수료 소감을 말하는 기회가 있었습니다. 위에서 말한 요지의 소감을 이야기하면서 이제는 섬기고 있는 교회가 이 세상에서 가장 좋은 교회이며, 이 교회의 형제자매들이 가장 아름다운 성도라는 고백을 했습니다. 아울러 하나님께서 떠나라고 할 때까지 죽도록 충성하겠다는 약속을 했습니다. 그리고 마지막 순서로 가진 성찬예식에서 저는 눈물을 흘리며, 통절한 심정으로 "주님, 염치없지만 주님의 몸과 피를 다시 한 번 먹고 마시며, 저희 교회 성도들과, 이웃들과 이 세상을 섬기며 살겠습니다" 하는 기도를 드렸습니다.

8월 18일, 주일 예배를 드리러 교회에 갔습니다. 똑같은 건물과 똑같은 사람들이었습니다. 그러나 이제는 그 모든 것이 지난날의 것이 아니었습니다. 모든 것이 사랑스럽고, 제가 목숨 바쳐 사랑하고 섬겨야 할 분들이었습니다. 저는 기뻤습니다. 감사했습니다. 제 얼굴에 미소가 넘쳤습니다. 설교도 가슴에 와닿았습니다. 예배의 순서 순서도 은혜가 넘쳤습니다. 이제는 모든 것이 정상으로 돌아왔습니다.

문제는 교회가 아니라, 한국교회가 아니라 제 자신이라는 것을 깨달 았습니다. 이제는 제가 섬기고 있는 상도성결교회를 브뤼셀한인교회만큼이나 사랑할 수 있겠습니다. 아니, 한때 사랑했던 브뤼셀교회보다 지금 은혜 받고 있는 이 교회를 더 사랑할 수 있게 되었습니다. 지금의 교회가 문제가 많으면 많을수록, 주님의 도우심으로 저는 교회와 성도들을 사랑해야 할 의무와 권리가 있다는 것을 알았습니다.

존경하는 목사님, 그리고 믿음의 형제자매 여러분, 우리는 험악한 세상에 살고 있습니다. 그동안 저는 자주 새벽기도 시간에 브뤼셀한인교회를 그리워하면서 눈물을 흘린 적이 있었습니다. 그러나 이제는 더 이상 그리움의 눈물을 흘리지는 않겠습니다. 이제는 주님의 영광과 승리를 찬양하는 기쁨의 눈물을 흘리겠습니다. 브뤼셀한인교회와 상도성결교회와 이 땅의 주님의 몸 된 교회들을 위해 더욱 눈물 뿌리며 기도하겠습니다.

그렇습니다. 아직도 이 땅의 교회들은 완전하지 않습니다. 주님께서 다시 오실 그때까지는 우리들이 주님의 손과 발이 되어 지금 섬기고 있는 교회를 위하여 몸을, 힘을, 정성을, 마음을, 또 사랑을 드려야 할 때입니다. 승리의 함성이 온 땅을 덮을 그날까지. 하나님 나라가 이 땅 위에 이루어질 그때까지. 할렐루야! 아멘! 아멘!

멈추면, 주님의 영광을

2002년 벨기에서 3년간의 EU 대표부 근무를 마치고 귀국해 복직을 했다. 복지정책과장. 복지부의 복지정책을 총괄하는 자리였다. 당시 장관님이 복지에 관심이 특별히 많았다. 전임 과장으로부터 받은 과제가 급한 것만 30개가 넘었다. 사무실에 계속 앉아서, 저녁까지 먹고 늦게 퇴근 일찍 출근. 약 한 달 후 체중이 1주일에 1킬로그램씩 늘었다. 새벽기도에 가서도 졸다가 오기가 일쑤였다. 내 배에 기름이 끼면 주님과의 관계도 영적으로 멀어진다는 위기감이 들었다.

중앙대 운동장에 가서 30분씩 뛰었다. 그런데 체중이 더 늘었다. 밥이 맛있고, 잠 잘 오고. 옆의 동료가 마라톤을 해서 체지방을 태워야 체중이 준다고 했다. 그래도 뭐 마라톤까지 해야 하나. 그 재미없는 운동을. 며칠 후 그는 "남자가 배가 나오면 배우자에 대한 예의가 아닙니다"라고 했다. 기분이 나빴다. 그래도 맞는 말인 것 같아서 뛰러 나갔다.

2002년 가을부터 퇴근 후 서울대공원에 가서 밤에 1시간 이상 뛰었다. 겨울에 찬바람을 맞으며 머리카락에 고드름을 달고 뛰었다. 일주일에 세 번, 한 시간 이상 꾸준히 달렸다. 사무실의 스트레스도 해소됐다. 과중한 업무와 어려운 현실 속에서 살기 위해 뛰었다. 석 달 후 5킬로그램이 줄었다. 2003년 봄 하프를 1시간 51분에 뛰었다. 예전에는 좋은 경치 사진이나 그림을 보면 저런 데서 차나 한잔 했으면 했는데, 언젠가 부터 좋은 곳을 보면 저런 곳에서 한번 뛰면 좋겠다는 생각이 앞섰다.

◆　◆　◆

2003년 개천절, 구파발에서 임진각까지 달리는 풀코스에 처음 출전했다. 삼일절에 한강에서 하프를 뛴 적은 있었지만 풀은 처음이었다. 아침 일찍 하프를 신청한 양환이와 함께 아침을 먹고, 비장한 각오로 도착한 구파발, 싸늘한 공기가 온몸을 긴장시켰다.

출발 총성이 울리자 나도 모르게 눈물이 핑 돌았다. 코스모스가 피어 있고 가을 하늘이 파랬다. 완주를 목표로 한 걸음 한 걸음 달렸다. 15킬로미터 정도에서 배가 아파오기 시작했다. 순간 더 이상 뛰기가 어렵겠다는 생각이 들었다. 배가 아플 때는 배에다 힘을 주고 속도를 줄이라는 이야기를 어디선가 들은 적이 있어 그대로 했다. 속으로는 엄청나게 기도를 했다. "하나님, 끝까지 달려갈 수 있도록 도와주십시오." 미리 준비해둔 헌금이 생각났다. 감사 제목은 '마라톤 완주'였다 여기서 주저앉으면…… 그래도 감사해야지, 감사 제목에다 '실패'라고 두 자를 더 적을까, 하는 생각이 머리를 스치고 지나갔다.

가도 가도 계속 아스팔트였다. 옆에는 차들도 다니고, 어떤 사람은 나와서 박수도 치고 힘내라고 격려도 하고, 어떤 사람은 밥 먹고 할 짓이 없어서 별 지랄을 다한다고 욕을 하는 사람도 있었다. 말 없이 손을 흔들어주는 사람이 얼마나 고마운지 모두들 형제자매로 보였다. 고맙다는 말도 못하고 계속 뛰었다. 저절로 기도가 나왔다. "주님의 종 노장로가 달립니다. 주님과 함께 달립니다."

25킬로미터를 지나갈 즈음에는 물 마시는 곳에서 아예 편안히 서서 음료수를 세 잔이나 마셨다. 맨손체조도 하고 사람들과 이야기도 하면서 여유를 부렸다. 아직도 임진각은 교통표지판에도 나오지 않았다. 소위 마의 35킬로미터 지점을 통과할 때였다. 이쯤이면 정신도 혼미해지고 다리도 풀린다는데, 하는 걱정이 들었다. 다행히 그곳에는 높은 언덕이 있어서 다 같이 이야기를 하면서 즐겁게 걸어갔다. 조금 가니 또 다른 언덕 밑에 바나나와 물이 준비되어 있었다. 여러 번 뛰어본 사람들은 바나나가 25킬로미터 지점에 있어야 하는데 대회 운영이 잘못되었다는 등의 불평을 늘어놓았다. 나는 웬 바나나냐 하면서 맛있게 먹고 또다시 걸어서 언덕을 넘었다.

40킬로미터 푯말이 보이는 지점에 다다랐다. 많은 사람이 걷기와 뛰기를 계속했다. 갑자기 왼쪽 다리의 무릎 부분에서 눈에 보일 정도의 경련이 일어났다. '퍽, 퍽, 퍽' 하면서 근육이 벌떡거렸다. 손으로 무릎을 치면서 천천히 걸었다. '하프에 출전한 양환이가 완주를 했는지, 이 아버지를 기다리고 있을 것인데…… 여기서 낙오를 하면 어쩌나' 하는 생각들이 스쳐갔다. 뛰기는 했지만 거의 절뚝거리는 수준으로 계속 앞으로 나아갔다.

1킬로미터쯤 남은 지점에서 양환이가 뛰어왔다. 반가웠다. 자기는 완주했다고 했다. 나 역시 피니시 라인을 향해 절면서 뛰면서 나아갔다. 드디어 골인! 기록은 4시간 11분 9초. 완주를 축하하는 팡파르가 울려 퍼지고 있었다. 한 선수, 한 선수의 번호를 부르며 환영했다. 그늘에 앉아 감사기도를 드렸다. 아내에게 전화를 하고 부산의 부모님께도 전화를 드렸다. 거창에 있는 홍환이한테서도 전화가 왔다.

마라톤은 외로운 운동이다. 다 같이 출발선을 나서지만 뛰기는 철저히 혼자서 한다. 그러나 내겐 세상의 어떠한 운동보다도 스릴 있고 다이내믹한 운동이다. 한 걸음 한 걸음 주 예수와 함께 달리기 때문이다. 임진각에서 뿌듯한 가슴을 안고 버스를 타고 서울로 돌아오는 길에는 코스모스가 춤을 추고 있었다. 정말 기뻤다. 예전에 고시에 합격했을 때의 감격이 생각났다. 창밖으로 목표를 향해 절며 뛰며 걸어가는 선수들이 아직 보였다.

성경에 "나의 달려갈 길을 다 달린(at full distance) 후 의의 면류관이 예비 되어 있다"는 구절이 있다. 어차피 우리의 인생은 죽음이라는 피니시 라인을 향해 달려가는 마라톤과 같다. 그러나 죽음은 끝이 아니다. 성경은 죽음 후에 심판이 있다고 한다. 예수님을 그리스도구세주, 메시아로 믿는 이에게는 영원한 생명이 약속되어 있다. 예수를 '나의 주님, 나의 하나님(my LORD and my GOD)'으로 믿는 축복이 모두에게 임하시기를.

◆ ◆ ◆

2004년 가을에는 조선일보 주최의 춘천 마라톤에 참가했다. 2만 4,000명이 춘천 호반을 이어서 달리는 모습은 단풍과 어울려 참 아름다웠다. 1만 3,000명이 다섯 시간 이내에 완주를 했다. 나는 4시간 14분으로 생애 세 번째의 완주였다.

12월 초 입대 예정인 큰아이의 집결지인 102보충대 앞을 지나갈 즈음 군악대가 연주를 했다. 힘이 났다. 그러나 달려온 거리는 32킬로미터, 남은 거리는 10킬로미터 지점이었다. 점점 무거워지는 다리와 간간히 일어나는 경련이 달리는 속도를 계속 떨어뜨렸다. 지나온 거리보다 남아 있는 거리가 더 길어 보이는 것은, 우리의 인생과 흡사하다는 생각이 들었다. 목표점이 가까워올수록 더 힘들어졌다. 멈추고 싶은 생각이 간절했지만, 이번 대회의 목표가 '쉬지 말고 뛰어보자'는 다짐이었기에 계속 뛰었다. 헉헉! 흑흑! 끅끅! 주니-임! 피니시 라인을 통과한 후, 어기적거리며 춘천 공설운동장의 잔디밭에 드러누워 하늘을 바라봤다. 나도 모르게 눈물이 흘렀다.

마침 주일이라 춘천의 아는 교회에서 예배를 드리고 마라톤을 했음에도 불구하고, 부산에 계신 어머니는 나중에 많이 나무라셨다. 하나님께 결재 받았는데……. 춘천을 다녀온 지 열흘이 지났다. 이제 생각하니 그 지옥 같은 순간들이 꿈결같이 감미로운 추억으로 남았다. 마지막 남은 4~5킬로미터에서 속도를 늦추지 않았으면 4시간 안으로 뛸 수 있었을 텐데 하는 아쉬움과 함께 최선을 다하지 못한 자신이 원망스럽기도 했다. 이러한 후회는 내가 아무리 이 땅에서 고생하고 열심히 산다고 해도, 천국에 가서는 똑같은 아쉬움으로 남지 않을까 하는 생각이 들었다. 각계각층의 사람이 모여 한 지점을 향해 달리는 마라톤은 대한민국의 힘이고 희망임을 다시 깨달았다.

◆　◆　◆

2007년 7월 7일 아침 7시, 서울시청 앞에서 100킬로미터 울트라마라톤에 출전했다. 청계천을 거쳐 성수대교로 나와 한강을 거슬러 올라 구리를 지나 계속 뛰었다. 팔당대교 밑 37킬로미터 지점에서 휴식을 취한 후 팔당대교를 넘었다.

뙤약볕에 습도는 높아서 땀이 줄줄 흐르고 시간이 갈수록 다리는 점점 무거워졌다. 팔당댐 근처에서 사 마신 냉커피는 환상 그 자체였다. 출발 후 6시간 40분이 지나 반환점인 50킬로미터, 광주시 퇴촌 근처에 도착했다. 먼저 웃옷을 벗고 찬물에 씻었다. 그리고 엉금엉금 기어

텐트 밑에 한 20분 누워 있었다. 아니, 뻗었다. 주최 측이 준비한 국밥이 보기에는 맛있게 보였는데, 몸이 받지를 않아 국물만 조금 마셨다. 마냥 퍼져 있을 수가 없어서 주섬주섬 옷을 챙겨 입고 배낭을 메고 서울로 향해 달렸다.

태양은 더욱 강렬해졌고 오르락내리락하는 언덕이 계속 나타났다. 반환점을 향해 걸어오는 사람들에게 웃으면서 "얼마 안 남았습니다"라며 손을 들어주는 것조차 힘이 들었다. 갑자기 눈물이 쏟아졌다. 왠지 슬펐다. "주님! 저는 외롭습니다. 이 땡볕에 뭐하는 겁니까? 주님도 외로우시죠? 제가 주님의 일꾼이 되겠습니다. 주님, 제가 주님의 기쁨이 되겠습니다" 하면서 계속 뛰었다. 팔당댐을 지나 지루한 일직선 도로를 달리면서, 아래로 보이는 강물을 보면서, '저리로 뛰어들면 시원하겠지?' 그런 생각이 간절했다.

63킬로미터 지점인 팔당대교 밑에서 한동안 쉬었다. '이것은 사람이 할 짓이 아니다' 라는 생각이 들었다. 계속 앉아 있으니 진행 요원이 "아저씨, 오래 누워 있으면 못 뜁니다" 하면서 내몰았다. 할 수 없이 다시 뛰었다. 아니 걸었다. 이번 울트라 마라톤에서 많은 생각을 하게 했다. 우선 내 자신의 혈기를 버려야겠다는 것과 이 세상의 헛된 것에 끌리는 마음을 끊자는 것이다.

광장동 워커힐 밑을 지날 때, 나무 밑에 평상이 있어서 누웠다. 편했다. 곧 모기가 온몸을 물었다. 하는 수 없이 일어나 다시 움직였다. 워커힐을 지날 쯤 큰 도로를 만났다. 택시를 타고 집으로 가고 싶었다. 편의점에 들어가 시원한 주스를 마시고 에어컨 바람을 쐬면서 땀을 식혔다. 현금도 찾고 다시 도로로 나섰다. 택시를 타고 포기를 할 것인가 갈등을 하는데, 뒤따라오던 주자들과 만나서 휩쓸려 다시 한강 길로 들어서게 되었다. 같이 가던 사람이 "80킬로미터만 지나면 완주는 합니다" 라고 했지만 그 말이 믿어지지 않았다.

드디어 청계천에 접어들었다. 이제 10킬로미터. 아침에는 몰랐는데 청계천이 어쩜 그렇게 긴지…… 여름 토요일 밤 청계천에는 많은 사람들이 있었다. 사람에 걸려서라도 뛸 수가 없어 걸었다. 그것도 힘들어 담벼락에 기대어 한참 쉬기도 했다. 동아일보 앞에 저녁 9시부터 나와 있는 아내와 큰아이에게는 계속 다 와간다고 핸드폰을 했다. 아내는 힘들면 택시 타고 오라고 성화다.

16시간 44분. 아침 7시에 시작한 마라톤을 밤 11시 44분이 되어서야 마쳤다. 시청 광장의 결승점을 지나며 큰소리로 외쳤다. "Praise, the Lord!" 그리고 땅바닥에 앉으려 하는데 주최 측에서 사진이 잘 안 나왔다고 다시 포즈를 취하라고 했다. 16시간을 달려왔는데도 그 잠깐이 더 어렵다. 사람의 얄팍한 감정이란. 사람이 할 짓이 아니라는 그 생각은 일주일 정도 지나자 사라지고 내년부터는 1년에 한 번씩 울트라를 해야겠다는 생각이 들었다.

◆　◆　◆

2008년 여름, 이기일 국장과 100킬로미터 울트라 마라톤을 했다. 시청에서 청계천을 따라 한강으로 나가 광진교를 넘어 탄천을 따라 분당 율동공원에서 돌아오는 코스였다. 이 국장과 함께 발을 맞춰 뛰었다. 탄천으로 접어들어 함께 쉬었다. 한참 후 속도가 너무 느린 것 같아 먼저 가겠다고 혼자 나섰다. 더웠다. 땀이 비 오듯이 흘렀다.

분당의 반환점에서 점심을 먹고 쉬었다. 힘을 내어 서울로 향했다. 한참을 가니 이 국장이 오고 있었다. 잘 뛰라고 손을 흔들며 달렸다. 얼마를 가다가 화장실에 들렀다. 에어컨이 나와서 시원했다. 얼굴도 씻고 푹 쉬었다. 시원하게 땀도 식혔다. 새로운 각오로 열심히 달렸다. 한 40~50분 가다가 다리 밑 그늘에서 쉬려고 앉았다. 시간을 확인하려고 핸드폰을 찾으니 없다. 아무리 생각해도 오면서 흘린 것 같지는 않다. 그렇다면, 화장실에? 다음 주부터 휴가이고 그곳에 휴가지의 연락처가 있어, 핸드폰이 없으면 안 된다. 거꾸로 뛰었다.

시원한 화장실 세면대 위에 핸드폰이 얌전히 놓여 있었다. 올라오면서 이 국장을 만났다. 다시 한참을 달려 이 국장을 추월했지만 힘이 다 빠졌다. 광진교를 넘어 서울숲 근처를 지났다. 시간은 새벽 2시가 되었다. 한 10킬로미터 남았다. 시청에는 양환이 홍환이가 기다리고 있고, 내일은 주일. 이미 주일이 시작된 시간. 시청에 가면 새벽 3~4시가 될 것이고. 중간에 포기한다는 것은 있을 수 없는 일이라는 고집, 아집, 완고함…….

그 순간, 얼마 전 예배 때 들은 말씀이 생각났다. "다윗의 영성이 가장 돋보였을 때는 하나님의 성전을 짓고자 모든 준비를 다 했지만, 하나님께서 허락하지 않았을 때 멈춘 것이다"라는. 보통 사람의 반응은 "옳은 일인데 왜 말리십니까. 계속합니다"라고 한다는 말씀과 함께 "다윗을 다윗으로 만든 것은 멈출 줄 아는 영성"이라는 것이 자꾸 머릿속에 맴돌았다. 암세포가 무서운 것은 멈출 줄 모르고 무한증식을 하기 때문이라는 생각도 들었다. 나의 사전에 중도 포기는 없다는 생각을 지우기가 쉽지 않았다. 그래도 다윗을 따랐다. 말씀에 순종했다. 서울숲으로 나와 택시를 탔다. 아이들이 기다리는 시청으로 갔다. 소지품을 찾아 집으로 갔다. 그날 주일 예배, 잘 드렸다. 멈추면, 주님의 영광을 본다.

◆　◆　◆

2008년 11월 초 마라톤 대회에 참석했다. 1년 만에 뛰는 풀코스였다. 상암 월드컵경기장에서 강변북로를 따라 서울숲 옆에서 돌아오는 코스였다. 연습이 부족했지만, 완주를 목표로 뛰었다. 날씨가 좋았다. 한강변의 경치도 참 좋았다. 반환점까지는 2시간, 이대로만 돌아가면 무난히 완주하겠다는 마음이 들었다. 30킬로미터 지점을 지나면서 무거워지는 다리와 몸이 점점 고통을 안겨주었다. 지나온 거리보다 남은 거리가 더 길게 느껴지기 시작했다. 도로를 지나 한강변으로 들어서서는 길가의 벤치에 길게 눕기도 했다. 괜히 옆에서 뛰는 사람과 이야기도 하면서 걷다, 뛰다를 반복하면서 목표를 향해 달렸다.

4시간 반이 지나면서 남은 주자들이 모두 고개를 떨구고 갔다. 자신의 발끝을 보면서 간다. 고개를 숙이면 호흡이 어려워져 더 힘이 들지만 고개 들 힘이 없어 다들 그렇게 간다. 나는 열 번째 풀코스라서 힘이 들어도 머리를 들고 앞을 바라보며 달렸다. 4시간 54분에 도착. 겨우 상암공원에 들어섰다. 가을의 마지막 단풍이 그렇게 예쁠 수 없었다. 내 인생 마치고 천국에 들어서면 이러한 아름다움이 기다리고 있겠구나, 하는 생각이 스쳤다. 그날만 하여도 중간에 포기하고 싶은 생각이 수도 없이 들었다. 우리의 일상생활도 마찬가지라 여겨졌다.

매일 반복되는 스트레스와 풀리지 않는 업무로 마음과 발걸음이 무거워진다. 그래도 땅바닥을 쳐다보지 말고 앞을 향해 나아가야겠다. 우리의 인생도 그렇다.

◆　◆　◆

2013년 10월 토요일 여의도 한강변에서 열린 마라톤 대회, 하프를 신청했다. 복지부 마라톤 동호회원과 함께 뛸 계획이었다. 근 2년 만에 참가한 마라톤이었다. 그러나 그날 뛰지도 못하고, 마라톤 은퇴식을 혼자 하면서 다른 사람들의 짐을 지켰다. 파란 가을 하늘 아래에서 혼자 강변을 거닐며 마음에 새겼다. '이제는 지고 살자, 내 생각 내 기준을 다 내려놓고 곁의 사람들과 맞추어 살자'는 다짐을 했다.

지난날, 'never give up'의 자세로 살았다면, 이제부터는 'give up'의 마음으로 살자는 기도를 했다. 한 십 년간 풀코스를 열두세 차례 뛰었고, 60, 100킬로미터도 뛰었다. 그리고 삶의 태도에 있어서도 '백절불굴'의 자세로 살아왔다. 그런데 그것이 아니라는 마음이 들었다.

한 달 전부터 마라톤 준비를 했다. 친구들과 강릉에 놀러 가는 길에 오대산 비로봉을 올랐고, 다음 날 새벽 해변의 송림을 1시간 뛰었다. 그런데 다리가 많이 무거웠고 아팠다. 서울에 돌아와서 몇 차례 더 뛰었는데 계속 아팠다. 아내는 척추에 무리가 가서 그렇다고 자신의 경험을 이야기했다. 여러 가지 생각이 들었다. 이제 그만 뛰자. 그동안 열심히 뛰었다. 쉬지 않고 뛰었다. 몸에 무리가 갈 정도로 달렸다. 앞만 보고 미친 듯이 살아온 세월이었다. 곁의 사람들에게 상처를 주고 따뜻한 눈길, 격려의 말 한마디 안 하고 살아온 인생이었다. 이제는 그렇게 살지 말자는 다짐을 했다. 주님! 이제는 지고 살겠습니다. 주님 말씀대로 사랑하며 살겠습니다. 저도 십자가에 주님과 함께 죽습니다. 다시는 이웃을, 가족을, 교회를 힘들게 하지 않겠습니다. 할렐루야!

"자, 봐라. 내가 했다"

　2014년 2월 3~5일, 우리 교회에서 광주 은광교회의 전원호 목사님을 모시고 말씀 사경회를 가졌다. 참 은혜로운 시간이었다. 모든 성도들이 시간시간 말씀에 집중하면서, 말씀하시는 하나님의 은혜와 사랑을 나눴다. 이어서 7~9일 청년부 수련회가 여주의 '회복의 집'에서 열렸다. 장로님들도 참석한 수련회는 뜻깊은 자리가 되었다. 하나님께서 메마른 우리 교회에, 특히 나의 심령에 많은 은혜를 부어주셨다.

　토요일 오후 남한강 자락을 혼자 걸었다. 낙엽이 쌓인 오솔길을 걸으면서, 황석영의 《장길산》에 나오는 여러 장면들과 우리 산하의 아름다움에서 하나님의 사랑을 떠올렸다. 마른 나무 등걸에 앉아 쉬면서 머리를 숙이자, '부족한 것 없지?' 하는 시편 23편의 말씀이 주님의 음성으로 다가왔다.

　둘째 날 저녁 집회 역시 은혜 가운데 마치고, 다들 잠자리에 들 시간이었다. 나는 왠지 주님 앞에 머무르고 싶은 마음이 들었다. 새벽 1시가 지나서 본당에 혼자 남게 되었다. 주님 앞에 무릎을 꿇었다. 그리고 여러 가지 현안과 앞으로의 일들에 대해 기도드렸다. 교회의 현실과 성도들의 삶에 대해 마음 아프게 아뢰었다. 때로는 나의 감정과 생각에 몰두되어 소리 높여 외쳤다. 부르짖어 기도했다. 간간이 찬송도 부르면서 주님 앞으로 나아갔다. 오랜만에 부르짖는 기도의 시간이었다. 강대상의 바닥을 세게 두드리면서 아뢰기도 했다. 주님은 아무 말 없이 물끄러미 나를 바라만 보고 계신다는 마음이 들었다.

어느덧 시간은 새벽 5시가 되어가고 있었다. 왠지 이렇게 기도드리는 것이 주님 앞에서 송구스럽다는 생각이 들었다. 주님께서 다 알아서 하시는데, 내가 나서서 이렇게 저렇게 아뢰는 것이, 더구나 주님 앞에 언성을 높여서 악을 쓰고 있는 내가 부끄럽다고 느껴졌다. 그리고 마음을 고쳐먹었다. "주님, 죄송합니다. 주님께서 하시는 것이 다 맞습니다. 제가 잘못했습니다" 라고 고백했다. 그리고 마룻바닥에 한동안 누워 있었다. 마음이 편했다. 한 20분 있다가 일어나 숙소로 가서 잤다. 마음이 좋았다.

주일 아침. 예배를 드리기 위해 본당에 모였다. 환기를 위해 열어놓은 문 사이로 새하얀 세상이 펼쳐져 보였다. 강줄기와 들판, 오솔길이 다 눈으로 덮였다. 간밤에 세상이 완전히 변했다. 나도 모르게 "주님! 제 믿음 없음을 아시고 이렇게 보여주십니까?" 라고 가슴 깊이 탄성을 질렀다. 간밤의 일들이 다시 떠올랐다. 내가 큰소리로 아뢰지 않으면 모른 척 하실까 우려하는 마음이 다시 부끄러웠다. 그렇다. 주님 앞에서 아무것도 부족한 것이 없다. 모든 것이 충만하다. 내가 할 일은 오직 "항상 기뻐하고, 쉬지 말고 기도하며, 범사에 감사" 하는 것임을 다시 깨달았다. 주님께서 말씀하셨다. "자! 봐라. 내가 했다. 내가 한다." 그 주일 예배, 나는 다윗처럼 춤추며 뛰었다. 간밤의 내 태도가, "저를 죽여주십시오" 라고 소리쳤던 모습이 부끄러웠다. 송구스러운 마음을 감추고자 더 감사했다. 주님, 감사합니다. 찬양합니다. 다시는 악쓰지 않겠습니다. 좋으신 주님! 사랑합니다.

32년 만의 회개

    2014년 5월 16~17일. 조봉래 소장과 함께 포항 보경사를 거쳐 양산 통도사를 갔다. 보경사는 대학 2학년 가을 친구들과 들렀던 곳이다. 해질녘 보경사 경내의 그늘에 앉아 바람에 흩날리는 낙엽을 보면서 인생에 대해 많은 생각을 했고, 그날 밤 대책 없는 인생의 벽에 막혀 술독에 빠진 기억이 선하다. 다음 날 새벽 내연산의 차가운 폭포 밑에서 술을 깼다. 30여 년만에 찾은 보경사는 많이 변했고, 신록의 숲이 아름다웠다. 무엇보다 인생길의 답을 찾은 나 자신에 대한 안도감이 있었다.

    16일 밤, 양산 감림산기도원의 금요철야예배에 참석했다. 32년 전 시험을 앞두고 철야에 간 적이 있었다. 당시의 기도 제목은 오로지 합격 하나뿐이었다. 그해 말 주님께서는 나를 불쌍히 여기시어 합격을 시켜주셨다. 많은 추억이 있던 기도원인데도 실로 오랜만에 찾았다. 그날 본문 말씀은 스바냐 3장 말씀, "너의 하나님 여호와가 너의 가운데 계시니…… 너로 인하여 즐거이 부르며 기뻐하시리라"(17절). 그리고 이어서 20절의 "…… 너희로 천하 만민 중에서 명성과 칭찬을 얻게 하리라……"는 말씀이었다. 나는 습관적으로 축복과 회복의 말씀에 밑줄을 그으면서 속으로 '아멘!'을 외치고 있었다. 그런데 그 순간, 마음속에 '나는 늘 나의 명성과 칭찬만을 구하고 있다'는 생각이 들었다. 그러고 보니 나의 기도와 간구는 언제나 '나'에 머무르고 있었다.

예전에 영국에서 애플비 할아버지가 이야기 나눌 때 하신 말씀, "죄 sin의 중심에는 'I'나가 있다"는 말씀이 새삼 다가왔다. 다른 말로 '자기 중심성의 우상숭배'에 빠져 살고 있다는 것. 예수님의 죄사함과 새롭게 하심을 믿으면서 '나의 구주, 나의 주님'으로 믿고 입으로 시인하여 구원에 이르게 되었음에도, 여전히 내 인생의 주인이 나 자신이라고 여기는 어리석은 사람을 그날 밤 다시 발견했다. 32년 전 '하나님의 영광'을 위해 합격시켜달라고 기도했던 나는 아직도 '나의 영광 나의 칭찬'을 구하고 있었다. 그동안 내가 드린 수많은 기도는 결국 '자신'을 위한 것이었다는 것과 함께 내가 언제 한 번 진지하게 '주님의 영광과 주님의 칭찬'을 위해 기도한 적이 있었는가에 대한 반성과 회개가 있었다.

"나의 힘이 되신 여호와여 내가 주님을 사랑합니다. 주는 나를 건지시는 나의 주, 나의 하나님. 나의 생의 목자 되시니 내가 따르리라. 나의 하나님, 나의 하나님, 그는 나의 여호와 나의 구세주."

말씀 이후에 이어진 찬양을 부르고 또 부르면서 회개하며 다짐했다. 이제는 나의 기도 제목과 내용을 '하나님의 나라'로 바꾸겠다고 맹세했다. 진심으로 주님의 마음과 주님의 일에 함께하겠다고 밤새 기도를 드렸다. 실로 32년 만에 기도의 제목이 바뀌게 된 것이었다. 그동안 나를 여기까지 끌고 오신 하나님의 위대하심과 선하심과 신실하심을 고백했다.

이 어리석은 죄인은 끝없이 자기중심성의 노예가 되어 알맹이 없는 기도를 주절거리며 살아왔다. 그러나 이제 다시는 성공과 명예를 구하

지 않고, 오직 주님의 영광과 이름만을 구하겠다는 목표를 새롭게 했
다. 새벽 4시경 숙소에 와서 잠이 들었다. 이튿날 통도사에 들려 옛날
아버지와의 등산 추억을 떠올리며 좋은 시간을 가졌다. 스스로 기대가
되었다. 나의 바뀐 기도가 남은 인생을 어디로 이끌어갈 것인지.

선교여행, "노는 물이 다르제?"

    2014년 7월 26일 새벽 5시 30분. 13명의 청년부 선교팀이 교회에 모였다. 인천공항에서 10시 30분발 자카르타 행, 자카르타에서 17시 35분발 발릭파판 행, 밤 9시가 되어서야 칼리만탄 선교센터에 도착했다. 다음 날 아침 일찍 주일예배를 드리고 미야우 바루로 향했다. 산등성이로 이어진 2차선 도로는 곳곳이 끊어져 있고, 비포장 부분이 있어서 덜컹거리며 갔다. 500여 킬로미터의 거리에 약 15시간이 걸렸다. 당초 밤 9시경 도착 예정이었으나 11시가 되어서야 도착했다. 온 주변이 환하고 음악 소리가 들렸다. 많은 사람이 모여 있었다. 아주 큰 도시에 온 것 같았다. 다음 날 아침에 보니 조그만 시골의 비포장도로였다.

    잠결에 깨어 내려서 보니까 동네 사람들이 다 모여 길에서부터 줄지어 서 있었다. 교회 안을 가득 메운 행렬에 한 사람 한 사람 악수를 하면서 들어갔다. 그리고 환영식, 그 늦은 밤에 어린아이들까지 전통복장을 하고 모여서 환영을 해주었다. 여태 이 세상의 어느 곳에서도 받지 못한 환대를 받았다. 이틀을 걸쳐서 달려온 길 끝에서 '하늘의 환대'를 받았다. 생전 처음 보는 사람들이 왜 이런 환대를 할까, 하는 생각에 대한 답은 '오직 예수의 이름'이었다. 예수, 나의 주님! 우리 주님께서 우리 모두를 하나로 묶어주셨다. 오직 예수님만이 살아계신 하나님의 아들이시며, 우리의 구원자이시고 그리스도이심을 증거하는 것이 이번 선교여행의 주제라는 마음이 들었다.

✦　✦　✦

7월 28일 월요일 오전. 본격적인 사역이 시작됐다. 오전 세미나, 오후 어린이 부흥회, 저녁 어른 부흥회가 같은 순서로 이틀간 열렸다. 첫날 저녁에는 1,300여 명이 모였다. 그 지역의 일곱 개 교회가 연합해 집회를 하는 것이었다. 평소에 나오지 않던 교인들, 믿지 않던 사람들, 심지어 무슬림들도 모였다고 했다. 그 교회는 40년 전 미국의 항공선교회가 세운 교회라고 했다. 교회의 부속 건물에 숙소를 마련해주었다. 지극정성으로 마련해준 식사와 섬김이 너무 고마웠다. 우리 모두는 열과 성으로 하나님을 찬양하며, 주님 되신 예수님을 증거했다. 현지 청년들의 뜨거운 찬양은 우리 모두를 성령님의 인도하심 따라 하나로 묶었다. 준비해간 찬양과 드라마, 간증, 어린이 운동회. 모두 기뻐하며 한마음으로 주님의 백성이 되었다.

200~300여 명의 아이들이 단상에 올라가 부르는 찬양은 감동 그 자체였다. '아, 주님께서 사랑하시는 아이들이구나' 라는 마음이 저절로 들었다. 요즘 우리나라는 저출산으로 고민을 하는데, 이 나라는 한 집에 네다섯 명의 자녀가 있다고 했다. 언젠가는 이들이 한국에 전도를 하러 오겠구나, 하는 생각이 들었다. 이곳의 아이들이 언젠가 땅끝까지 예수 그리스도의 피 묻은 복음을 증거하는 날이 오도록 진심으로 축복해주었다.

어린이 운동회, 여러 가지 놀이를 준비했다. 나는 빈병을 세워놓고 하는 고리던지기를 맡았다. 들어갈 때마다 어찌나 기뻐하던지! 마음껏 함께 즐거워했다. 작은 것에 열심을 내어 집중하며 기뻐하는 모습이 너무 좋았다. 내가 천국에 있구나. 우리 모두가 천국을 누리고 있다는 마음에 땀이 흐르는 것도 더위도 잊었다.

어릴 적 한 장면이 머리를 스쳤다. 서너 살 때인가, 부산 영락교회의 여름성경학교인 듯하다. 마주 본 두 아이가 등 뒤에 붙여진 숫자를 먼저 말하면 이기는 놀이였다. 그때의 긴장과 이겼을 때의 기쁨이 생각났다. 먼 훗날 이곳의 아이들이 살아가다가 지치고 힘들 때, 또는 주님의 은혜와 사랑을 생각하면서 이 작은 것에 환호하고 풍선 하나에 온 마음을 빼앗겼던 일들을 생각하면서 새 힘과 소망을 가질 것을 그려보았다. 코리아라는 먼 나라에서 온 사람들이 예수의 이름으로 자신들을 섬겨주었다는 아름다운 추억이 남기를 기도드렸다.

마당에서 다리에 풍선을 끼우고 이어 달리는 게임을 했다. 바닥에는 돌 부스러기가 많아서 그냥 걷기에도 힘들었다. 그곳을 맨발로 펄쩍펄쩍 뛰는 것을 보면서 힘찬 박수를 보냈다. 그러면서 우리의 현실을 떠올렸다. 이런 곳에서 한국 아이들이 논다고 하면 대부분의 엄마들이 말릴 것이고 아이들도 무섭다고 울지나 않을까? 우리가 너무 나약해졌구나, 하는 생각이 들었다.

어른 세미나에서는 마약중독에 대해 이야기했다. 마약을 끊을 수 있는 방법은 오직 예수를 주님으로 믿는 믿음, 그리고 그 믿음에서 나오는 참 기쁨이라는 메시지를 전했다. 우리에게 마약이 무엇일까? 헤로인이나 커피, 술, 담배 등 중독성 물질뿐 아니라 우리의 마음을 빼앗는 도박과 게임, 심지어는 식탐, 갖고 싶은 물건, 하고 싶은 것들이 아닐까? 가질수록 더 가지고자 하는 인간의 본성에 대해 자신을 들여다보면서 많은 것을 생각했다.

서울을 떠나오면서 선교팀의 원칙상 지갑과 카드, 핸드폰을 두고 왔다. 얼마나 불편할까, 상상이 되지 않았다. 며칠 전 핸드폰을 떨어뜨려 통화를 못하게 되었을 때 얼마나 낙심이 되든지 울고 싶은 심정을 겪었다. 그러나 그곳에서는 전혀 불편하지가 않았다. 참 자유와 참 기쁨을 누렸다. 세상이 주는 쾌락은 그 끝이 파멸이며 죽음이다. 그러나 주님과 함께하는 기쁨은 생명이며 영원한 것임을 깨닫는다.

◆　◆　◆

미야우 바루에 있는 동안 현지 목사님의 안내로 문상과 병문안을 했다. 교회 근처의 할머니 교인이 돌아가셨다고 했다. 마당에는 동네 사람들이 모여 있었다. 우리는 2층의 방안으로 들어갔다. 얼굴에 화장을 하고 전통 복장을 한 시신을 방 가운데 두고 가족들이 앉아 있었다. 우리는 이성헌 선교사님의 인도로 '하늘 가는 밝은 길이' 찬양을 부르고 기도를 드렸다. 가족을 위로하면서 죽음은 복음의 시작이라는 사실이 다가왔다.

다음 날 아침에는 두 군데 병문안을 했다. 한 분은 걷지 못하는 할머니였고, 한 분은 간 수술을 한 할아버지였다. 우리는 손을 얹고 병 낫기를 간절히 기도했다. 할머니께서 "주님, 찬양"(뿌질라 뚜한)이라고 하셨다. 할아버지는 뜨거운 눈물을 보이셨다. '아, 인생이란……." 선교사님과 심방을 하면서 복음서의 예수님 사역을 실습하고 있다는 생각이 들었다. 현지인들과 식사교제와 예배, 뜨거운 찬양을 했다. 죽음과 질병의 문제들에 대해 주님을 의지하며 기도하고 찬송하면서 인생의 본질, 죽음과 삶, 그리고 죄에 대해, 심판, 구원, 영생에 대해 명확한 의미를 되새겨보았다. 마치 예수님과 함께하던 제자들의 모습이 떠올랐다. "주님, 감사합니다. 이렇게 직접 실습까지 시켜주시니요."

◆ ◆ ◆

7월 30일 아침, 미야우 바루를 떠나 롱셉이라는 시골로 더 들어갔다. 아주 넓은 팜 농장을 지나서 한참을 갔다. 2층의 교회에서 예배를 드리고 준비한 찬양과 드라마를 공연했다. 개와 닭, 원숭이까지 보태어 완전히 자연 그대로였다. 큰 개는 원숭이의 것을 빼앗았고, 원숭이는 작은 강아지를 괴롭혔다. 어린아이가 커다란 개 위에 앉아 목을 붙들고 노는 모습을 보면서, 하나님께서 여섯째 날 동물과 사람을 만드신 것과, 시편 36편의 "여호와여 주는 사람과 짐승을 보호하시나이다"라는 말씀이 실감났다. 그곳은 몇 년 전까지만 해도 옷을 입지 않았다고 했다. 극진한 점심을 대접받았다. 동네잔치를 했다. 아이들과 운동회를 하고 상품으로 풍선 왕관과 돌고래 풍선을 주었다.

아이들을 선두로 쪽배를 타고 200~300미터 떨어진 강기슭으로 갔다. 아이들은 돌고래 풍선을 들고 환호성을 질렀다. 그곳에서 이 선교사님의 큰딸 세라의 세례예식을 가졌다. 교회에서 하는 약식 세례가 아니라 완전히 물에 잠기는 세례였다. 완전히 죽었다는 의미의 '잠김'과 십자가의 구원인 '건짐'을 경험했다. 뜨거운 햇볕이었지만, 시원함이 있었다.

세례식을 마치고 옷을 입은 채로 강을 걸었다. 엎드려 강물에 몸을 맡겼다. 나무가 우거진 그늘에 모여서 찬양을 했다. 미야우 바루에서 함께 온 청년들과 강에서 건진 검은 돌로 박자를 맞추며 "예수님 찬양, 예수님 찬양"을 불렀다. 물 가운데 앉아서 웃고 떠들며 놀았다. 주님께서도 요단강에서 세례를 베푸시고 제자들과 함께 이렇게 웃고 떠들며 노셨을 것이라는 마음이 들었다. 정말 아름다운 풍경이었다. 흰 구름, 파란 하늘, 흐르는 강물, 무성한 숲, 예쁜 꽃, 뛰어노는 아이들 그리고 웃음소리까지. 우리 모두는 행복했다. 감사했다. 그때 마음에 드는 생각, 주님께서는 "길상아, 나하고 다니니까 노는 물이 다르제? 진짜 기쁘제?"라고 하셨다. 그랬다. 내가 하는 일들은 언제나 한계가 있고 기쁨에도 불순물이 있는데, 주님께서 하시는 일은 완벽하며 그 어떠한 한계도 없다. 그의 사랑과 그의 행하심은 그렇다. 짧은 시간이지만 천국을 맛보았다.

이번 여정의 특징은 개인적으로 어떠한 목표나 기대를 미리 세우지 않는 것이었다. 온전히 주님께서 같이 가자고 해서 응했고, 각각의 사역이나 일정 역시 주님께 다 내어드리고 싶었다. 이번 선교팀에 주신 말씀은 아가서 2장 13절, "나의 사랑 나의 어여쁜 자야 일어나서 함께 가자"였다. 그동안 살아온 방식과 달리 주님께 다 맡기고 싶었다. 3~4개월의 준비 과정에서 순간순간 그러지 못했던 적이 있었다. 아내와 가족, 그리고 팀원에게 불편과 부담을 준 적이 많았다. 하지만 나름 순종과 겸손으로 임하려고 무진 애썼다. 주님께서는 다시 말씀하신다. "네가 하는 것하고는 차원이 다르지?"라고. "맞습니다. 주님이 옳습니다. 앞으로도 주님께서 하십시오." 자신을 온전히 내어드려야겠다는 다짐을 한다. 서울을 떠나기 전 날, 주님께서는 아가서 7장 13절 말씀으로 우리를 미리 축복하셨다. "…… 내가 내 사랑하는 자 너를 위해 쌓아둔 것이로다." 아멘!

◆　◆　◆

　　롱셉에서 돌아와 단잠을 자고 미야우 바루를 떠나는 날 아침, 강 건너 밀림 지역의 돼지 키우는 곳에 갔다. 아침 일찍 마을 사람들은 먹이를 가지고 강을 건넌다. 그러면 자기 돼지가 온다. 간혹 딴 돼지가 먹이통에 달려들면 회초리로 쫓는다. 새끼돼지는 어찌나 귀엽고 예쁜지. 마른 황토 흙에 코를 박고 논다. 서로 장난치면서.

　　마을로 돌아가기 위해 언덕에서 배를 기다리면서 마을 풍경을 바라보았다. 야자나무와 2층 집의 모습, 피어오르는 나무 연기, 흐르는 강물, 완벽한 평강과 안식이 있었다. 무엇이 더 필요한가? 우리는 너무 많이 가졌기에, 늘 부족하다는 불만에 시달리고 있다는 생각이 들었다. 누가 이들을 가난하고 불쌍하다고 할 것인가? 아니다. 정말 가난한 사람은 우리다. 많은 것을 가졌고 누리고 있으면서도 늘 더 가지고자 쉼 없이 달려가는 우리가 불쌍하다는 생각이 들었다.

　　떠나는 시간, 이별은 늘 아쉽다. 마을의 전통회관에 젊은이들과 아이들이 모였다. 전통노래와 공연, 극진한 이별의 순서가 있었다. 목걸이와 팔찌를 채워주었다. 우리도 작지만 답례를 했다. 현지교회 목사님께서 노잣돈이라고 봉투를 건넨다. 그들의 마음 씀이 눈물겹다. 한국에 가서도 이곳과 이곳 교회와 한 피 받아 한 몸 이룬 형제자매를 위하여 기도하겠다고 약속했다. 모두들 길에 서서 환송했다. 눈시울을 적시며, 꼭 다시 오겠다고 다짐했다. 마을 어귀를 벗어나 먼 길을 갈 생각을 하고 있는데, 차가 갑자기 선다. 롱셉 교회의 젊은 목사님이 람부탄을 따서 두 자루 가지고 오셨다. 오토바이를 타고 그 먼 길을 새벽에 달려오셨다. 우리가 무엇이기에! 주님의 사랑이 아니고서는 설명이 안된다. 고맙다. 모든 것이 주님의 은혜다.

사역을 마치고 발릭파판으로 돌아오는 차창을 통해 바라보는 풍경, 파란 하늘, 푸른 숲, 넓게 펼쳐진 들판, 황홀한 색깔의 저녁노을이 아름다웠다. 예전에 좁은 창을 통해 바라보았던 구름이 생각났다. 주님께서 정녕 나에게 보여주시는 메시지다. "수고한다. 사랑한다." 나도 주님께 전심으로 감사드린다. 힘을 다해 찬양한다.

◆　◆　◆

8월 1일 오후, 인도네시아 보르네오 섬 동쪽 해안 발릭파판, 이성헌 선교사님이 사역하고 계시는 킬로와 바탁깐 지역의 '드림차일드' 어린이들과의 모임이 있었다. 이번 인도네시아 일정의 마지막 순서였다. 건물 안이었지만 대낮의 열기가 뜨거웠다. 30~40명의 아이들이 모였다.

우리 팀 한 자매의 간증. '딸 바보' 아버지의 죽음을 겪은 이야기였다. 어느 날 갑자기 쓰러진 아버지, 자매는 하나님이 낫게 하실 것이라는 확실한 믿음이 있었다고 한다. 그럼에도 아버지는 다시 일어서지 못했다. 그리고 자매는 그 하나님은 '무능한' 하나님이라는 원망을 하게 됐다. 그러나 그분이 찾아오셔서 하신 말씀은, "네 아빠보다 내가 너를 더 사랑한다"였다고 했다. 회복과 감사, 기쁨이 넘쳤다.

사역을 마치고 선교센터에 돌아와서 그 자매의 간증문을 받아 찬찬히 다시 읽었다. 이해할 수도 설명할 수도 없는 상황에서 하나님의 사랑을 깨닫고 받아들인다는 것은 온전히 성령님의 역사하심이 아니고는 있을 수 없는 일이다. 혼자서 하늘을 바라보면서 물었다. '그렇게 하신 주님, 당신이 맞습니까?' 이번 인도네시아의 모든 일정과 사역 역시 하나님의 사랑과 인도하심이 아니고서는 있을 수 없는 일이라는 생각이 들었다. 그리고 우리가 이 땅에서 무엇을 하든 그것의 중심에 '하나님의 사랑을 받고 있다'는 믿음이 없으면 아무것도 아니라는 것이다. 그 사랑과 그 믿음은 온전히 성령님의 역사하심으로 가능하다는 것 또한 사실이다. 사람에게는 어떠한 소망도 없기에 더욱 그러하다.

◆　◆　◆

8월 1일 밤 11시경, 자카르타의 한마음교회에 도착했다. 당초 예약한 비행기가 취소됐다. 늦은 시간이었지만 장영수 목사님 내외분이 반갑게 맞이해주셨다. 팀의 나눔 시간을 가졌다. 이번 여정의 마무리다. 각자 받은 은혜와 어려움을 이야기했다. 사랑을 하기 위해서도 성령님의 도우심이 필요하지만, 사랑을 받고 있다는 것을 깨닫기 위해서는 더욱더 성령님의 역사하심이 있어야 된다는 것을 절감한다. 왜 우리는 이처럼 사랑하기도, 사랑받기도 힘든 것인지!

다음 날 아침, 사모님께서 손수 아침을 차려주셨다. 명절이라서 일하는 사람들이 휴가를 갔단다. 잡채와 소고기국, 무엇보다 한국 김치. 정말 맛있다. 그리고 목사님께서 시내 관광을 직접 가이드 하시면서 인도네시아의 선교적 의미를 설명하셨다. 세계에서 가장 큰 무슬림 국가, 기독교 인구 2천 만, 30~40년 전 한국의 상황과 비슷한 복음의 비약적 발전이 예상되는 곳이다. 5만 명의 한국인 교민이 있는 곳, 한인 교회는 20여 개, 교민 수에 비해 작은 수의 교회와 교인, 주변 30여 개 골프장의 70퍼센트를 채우는 교민, 돈을 벌기 위해 온 사람들. 그러기에 복음이 더욱 절실하다는 생각이 들었다. 어릴 적 친구 윤청룡이 우리 팀 모두를 한국 식당에서 맛있는 불고기로 섬겨주었다.

이 선교사님의 설명에 의하면, 보르네오 섬의 면적은 남한의 아홉 배인데 선교사님이 계신 동 칼리만탄 지역의 선교사는 선교사님 내외

뿐이라고 했다. 금년 11월에 신봉관, 윤지영 집사 내외와 건률이가 그곳에 협력 선교사로 간다고 하니 참 기쁘다. 하나님의 풍성한 인도하심과 은혜를 간구드린다. 장 목사님께서는 한국의 젊은이들이 더 많이 인도네시아로 진출하기를 권하셨다. 사역을 무사히 마치고, 옛날 네덜란드 식민시절의 총독부 건물과 독립공원을 둘러보았다. 좋은 카페에서의 여유 있는 시간, 맛있는 점심, 무엇 하나 부족함이 없는 은혜의 시간이었다. 저녁 식사로 롯데마트 건물의 한국인 식당에서 먹은 비빔밥과 라면 떡볶이의 절묘한 맛은 행복 그 자체였다.

◆　◆　◆

8월 3일 아침, 서울로 오는 비행기 안에서 주일을 맞이했다. 오늘의 말씀, 이사야 26장 3~4절. "주께서 심지가 견고한 자를 평강에 평강으로 지키신다. 이는 그가 주를 의지하기 때문이다. 주는 영원한 반석이시기에 영원히 주를 의지하라." 주님을 굳게 의지하는 사람에게 주님께서는 완벽한 평강을 주신다. 주님은 그냥 반석이 아니라 '영원한' 반석이시다. 그러기에 주님을 '영원히' 의지해야 한다. 특정한 일이나 특정한 때가 아니라 언제, 어디서나, 무엇이든 주님을 의지해야 한다는 말씀이다. 아멘.

선교사적 마인드로 살아야겠다고 다짐을 했다. 비행기에서 동이 터오는 하늘을 본다. 현금과 카드 심지어 핸드폰이 없어도 전혀 불편하지가 않았다. 더 이상 먹고 싶은 것, 사고 싶은 것, 갖고 싶은 것, 하고 싶은 것이 없는 '주님 그분만으로' 절대적인 평강과 행복, 참 기쁨을 누릴 수 있다는 것이 이번 여정의 결론이었다.

그럼에도 불구하고 교회에 돌아와 오후에 참석한 당회에서 나는 불편함을 느꼈고, 급기야 감정을 표출하고 말았다. "당장 짐 싸서 인도네시아로 다시 가고 싶다"고. 회의를 마치고 사과를 했지만, 나는 언제나 사람이 될까? 오, 주님! 저를 불쌍히 여겨주십시오.

이번 인도네시아 사역에 교회의 많은 분들이 헌신과 후원과 기도를 해주셨다. 연세 많은 권사님들이 바자회를 위해 새벽 장을 가주셨고, 많은 분들이 자기 일처럼 함께하셨다. 특히 어려운 형편에도 헌금을 해주신 분들이 많다. 무엇으로 그 사랑과 희생을 보답할 수 있을까. 볶음고추장과 밑반찬을 해주신 권사님께도 감사를 드린다. 우리 교회가 이런 일을 통해 주님의 마음을 더욱 헤아리고 행하는 사랑의 공동체가 되기를 소망한다. 무엇보다 우리 교회 믿음의 식구 모두가 선교의 현장에 한 번씩은 다녀왔으면 한다. 주님께서 마지막 부탁하신 일, 땅 끝까지 복음을 전하라는 그 사명을 기쁨으로 감당하는 교회가 되기를 빈다. 아울러 주님께서 부어주시는 참된 평강과 만복을 다 같이 누릴 수 있기를 두 손 모아 간절히 기도드린다. 아멘! 할렐루야!

성지순례, 부르심과 순종

2016년 8월 11일 밤 10시경. 이스라엘 텔아비브의 벤구리온 공항에 도착했다. '교회 창립 70주년 기념 성지순례'로 김진산 목사님의 인솔로 담임목사님 내외분과 총 35명의 일행이 이스라엘에 내렸다. 베들레헴, 성탄절마다 찬송을 부르고 성경에 나오는 그 땅, 예수님 탄생하신 곳 베들레헴이 실제로 이 땅에 있다는 것이 신기했다. 교회에 다닌지 35년. 그동안 성경을 적어도 40번 이상을 읽었는데도 성경의 지명에 내가 실제로 와 있다는 것이 놀라왔다.

이스라엘에서의 첫 밤을 지내고 새벽을 맞았다. 아내와 예배를 드렸다. 로마서 2장 말씀, 사람은 죄인이고, 하나님은 사랑이시며, 심판과 십자가가 복음이라는 것, 이 진리는 지금도 여전히 유효하며 영원하다는 것이 가슴에 새겨졌다.

사람이 되신 하나님, 하나님께서 사람으로 오시지 않았다면, 예수님께서 이 땅에 오시지 않았다면 나는 여전히 죄와 죽음 속에 놓여 있을 것이고, 이스라엘에 올 리도 없다는 것. 예수님께서 우리의 주님이 되시지 않았다면 그 하나님은 오직 유대인만의 신이었을 것이고 아직도 유대인들은 하나님의 구원의 신비, 예수 그리스도를 모르고 있다는 사실에 내 가슴은 더 뜨거워졌다.

눈물을 억제하며 기도를 마무리했다. 지금은 울 때가 아니라 두 눈을 크게 뜨고 하나님의 살아계심과 하나님의 사랑을 보아야 한다고 다짐했다.

◆　◆　◆

12~13일. 예루살렘에서 벧세메스를 거쳐 남쪽으로 향했다. 엘라 골짜기, 라기스를 거쳐 브엘세바에 이르는 동안 점차 나무는 없어지고 황량한 광야가 펼쳐졌다. 풀 한 포기 없이 메마른 키 작은 나무가 듬성 듬성 있었다. 척박한 땅이다. 그곳에서 영성이란 '몸의 체험'이라고 했다. 이스라엘에는 지혜를 얻으려면 광야로 가고, 부를 얻으려면 옥토로 가라는 말이 있다고 한다. 어쩌면 오늘날 우리는 풍요 속에 살고 있기에 지혜가 점점 없어지고 있는가 보다.

브엘세바에 도착했다. 단에서 브엘세바까지는 250킬로미터, 사람이 살 만한 곳이다. 그 밑으로 250킬로미터는 네게브와 바란 광야로 사람이 살기가 어렵다. 이집트와 시리아의 국경이 있다. 브엘세바는 하나님께서 아브라함과 약속하신 곳이다. 맹세의 우물이 있다. 나그네는 나무 한 그루만 있어도 잠을 잘 수 있단다. 아무것도 없다. 아브라함, 이삭, 야곱이 다 그렇게 살았다고 한다. 풀 한 포기 없는 곳에서 그들은 무엇을 보았을까? 무엇을 의지했을까? 그렇다. 보이지 않지만 살아계신 하나님living God unseen, 그 하나님을 보고 의지하고 소망했을 것이다.

광야는 죽음, 죄, 사람의 유한함을 깨닫게 한다. 그러나 거기에도 생명이 있고, 별이 뜨고, 이슬과 비가 있다. 예수님의 광야, 다윗의 광야, 아브라함의 광야, 야곱의 광야, 그리고 나의 광야는? 엔게디 골짜기,

사울 왕과 다윗의 쫓고 쫓기는 이야기. 사해가 오른쪽으로 펼쳐져 있다. 아주 큰 바다, 여기저기 종려나무가 보였다. 큰 숲을 이루고 있다. 종려나무는 히브리어로 '타마르', 쉼이라는 뜻이다. 이스라엘에서는 선한 사람을 종려나무에 비유한단다. 누구에게나 그늘을 준다. 종려열매는 360도 돌아가면서 촘촘히 열매를 맺는다. 수확 철이 되어서 그런지 열매에 그물을 씌워놓았다. 잠깐 나가서 사진을 찍는데도 땀이 줄줄 흘렀다. 덥다. 섭씨 45도. 쿰란 동굴, 성경의 사해 사본, 이 척박한 땅에서 믿음의 선조들은 공동체 생활을 하면서 살았다. 두루마리 성경은 2천년 동안 항아리에 감춰져 있었다. 진리의 말씀은 영원하다는 성경구절이 떠올랐다.

사해에 들어갔다. 수영복을 입고 신발을 벗었다. 물까지는 20~30미터를 걸어야 했다. 발바닥이 너무 뜨거워서 걷기가 힘들었다. 아내와 사해에 몸을 담갔다. 수영을 못하는 아내는 그림에서 보듯이 누워보고 싶다고 했다. 두 손으로 눕혀주었다. 그런데 균형을 잃었다. 나의 팔을 붙들고 늘어졌다. 나의 발은 이미 떠 있는 상태고, 아내는 악착같이 매달렸다. 이제는 내가 균형을 잃었다. 물을 먹었다. 진짜 짰다. 눈에도 바닷물이 튀었다. 엄청 쓰라렸다. 부력이 너무 커서 헤엄이 쳐지지 않았다. 가까스로 발이 바닥에 닿는 데까지 나왔다.

한참 후 다시 헤엄을 쳤다. 그날 밤 아내와 갈릴리 호수에 앉아 낮에 있었던 사해바다의 짠물을 이야기하면서 웃었다. 다행히 아내는 짠물을 마시지 않았단다. 사진에 나오는 누워서 와인 잔 들고 신문 보는 장면은 오랜 숙달이 필요한 것이다.

사해를 지나 요단강 건너편 고원지대에 느보산이 보였다. '하나님의 사람' 모세는 이스라엘 백성을 이끌고 홍해를 건너 40년의 광야 생활을 거쳐 느보산에 올랐다. 멀리 보이는 젖과 꿀이 흐르는 땅, 그러나 허락하지 않으시는 하나님, 모세의 심정을 헤아려봤다. 하나님의 하나님 되심. 어느 날 새벽기도 때 모세의 삶에 대해 묵상했다. 그리고 시편 90편 모세의 시를 꼼꼼히 들여다봤다. 천하의 모세, '하나님의 사람' 모세의 기도라는 제목이 붙은 시편 90편. 모세는 이렇게 노래한다. "주여, 주는 대대로 우리의 거처가 되셨나이다…… 주의 목전에는 천년이 지나간 어제 같으며 밤의 한 경점 같을 뿐임이니이다…… 우리의 모든 날이 주의 분노 중에 지나며 우리의 평생이 일식간에 다하였나이다. 그 년수의 자랑은 수고와 슬픔뿐이요 신속히 가니 우리가 날아가나이다." 정말 모세의 심정을 읽을 수 있었다. 나의 처지와 비교해봤다. 감히 모세와 비교할 수 없겠지만, 모세의 기도는 구구절절이 나의 가슴을 적셨다. 그리고 모세는 이렇게 주님께 아뢰었다. "주 우리 하나님의 은총을 우리에게 임하게 하사 우리 손의 행사를 우리에게 견고케 하소서 우리 손의 행사를 견고케 하소서." "오, 주님! 주님의 은혜가 아니고는 나의 인생이 헛됩니다. 주님, 저의 인생에 열매가 있게 하옵소서"라는 기도를 간절히 드렸다. 그 모세가 서 있었다는 느보산, 가나안 땅에서 느보산을 보았다. 구름 속에 어슴푸레 보이는 느보산. 성경 이야기들이 펼쳐졌던 곳, 성경의 인물들이 살았던 곳, 하나님의 말씀과 인도하심을 따랐던 믿음의 조상들 이야기가 있는 그곳에 내가 와 있었다. 놀라운 일이다. 오직 주님의 은혜다.

갈릴리로 가는 길에 여리고에 들렀다. 여리고 성의 함락, 예수님과 삭개오의 뽕나무. 여리고에는 예수님께서 시험을 받으셨다는 시험산이 있다. 거기에는 수도원이 있는데, 많은 수도사들이 떠나고 이제는 세 명만 남아 있다고 한다. 왜냐하면 시험받을 일이 없어서라고 한다.

우리는 크게 웃었다. 시험. 이 풍파 많은 세상에서 시험이 없다면 우리의 신앙은 이미 죽은 것이고, 더 이상 믿음이 필요 없겠다.

예수님의 세례 터, 요단강이다. 10미터 남짓의 강폭 건너에는 요르단 군인이 있다. 이스라엘 군인 역시 총을 들고 있다. 요단강에 발을 담갔다. 주님께서 세례를 받으실 때 하늘에서 성령님이 비둘기같이 내려와 "내 사랑하는 아들이다. 너희는 그를 믿으라"고 말씀하셨다는 요단강. "주님, 이것이 꿈은 아니지요?" 이스라엘은 상상 이상이었다. 사진이나 TV에서 많이 봤던 이스라엘의 지명과 땅인데도 내가 그곳에 있다는 것이 놀라웠다. 이스라엘은 성지, 거룩한 땅이고 약속의 땅이며, 하나님의 땅이라는 생각이 들었다. 이 세상 그 어디 하나님의 땅이 아닌 곳이 있으랴마는.

◆　◆　◆

꿈에 그리던 갈릴리, 14일 주일이다. 갈릴리를 출발해 골란 고원을 거쳐 헐몬산 밑의 바니아스라는 곳까지 갔다가 갈릴리 바다 근처의 가버나움, 오병이어 교회, 팔복교회를 들렀다. 갈릴리 곁은 모두 푸르다. 비옥한 땅에 관개시설이 잘 되어 있어 많은 유실수와 나무가 빽빽하다.

1967년 '6일전쟁'에서 이스라엘이 점령한 골란고원. 해발 1,000미터에 이스라엘 기지가 있다. 골짜기 너머로 시리아의 도시가 보인다. 당시 시리아는 헐몬산에서 내려오는 물을 차단하려는 계획을 세웠다. 이스라엘은 말라죽게 되었다. 이집트의 군사력은 날로 증가했으며 주변 국가들이 연합해 이스라엘을 압박했다. 이스라엘로서는 생존이 걸린 전쟁이었다. 그 전쟁에서 이스라엘이 이겼다. 특히 시리아와 레바논을 접경으로 하는 골란고원은 오래 전부터 전쟁터였다. 지금도 중동의 화약고라고 불리고 있다. 최근의 시리아 내전과 IS의 이야기들, 기도가 절실히 필요하다. 하나님의 평강이 필요한 땅이다.

성경의 가이샤라 빌립보는 오늘날 바니아스로 불린다. 거기서 주님은 "너는 나를 누구라고 하느냐"고 물으셨고, 베드로는 "주는 그리스도시요 살아계신 하나님의 아들"이라고 고백했다. 그곳은 오랫동안 교역의 중심지였고, 이방신들의 집결지였으며, 우상숭배의 신당이 즐비한 곳이었다. 먹고사는 문제로 분주한 사람들 속에서, 이 땅의 풍요를 약속하는 이방신 속에서 주님은 베드로에게 영적인 질문을 하셨다. 베드로는 주님의 마음에 합한 답을 하여 칭찬을 받았다. 그 후 예수님께서 십자가에 돌아가시고 부활하여 갈릴리 해변에서 베드로와 제자들을 다시 만나셨다. 그곳에서 주님은 베드로에게 "나를 사랑하느냐"고 물으셨다. 김진산 목사님 설명에 의하면 153마리 물고기 중, 153의 숫자는 히브리어로 '나는 하나님이다'와 같은 발음이란다. 즉, 예수님을 하나님의 아들로 알았던 베드로에게 주님은 '내가 하나님'이라는 사실을 깨우쳐주셨다. 그러면서 "나를 사랑하느냐"고 물으셨고, "내 양을 먹이라"고 말씀하셨다. '양을 먹인다'는 의미가 세월이 갈수록 가슴 깊이 다가온다. 사람을 돌보고 키운다는 의미를 새삼 깨닫는다. 이 세상의 어떤 일도 사람을 보살피는 일보다 더 큰일은 없다. 지난날 일 때문에 사람을 버렸고, 아프게 한 기억들이 떠올랐다. 가까운 사람에게 더 그랬던 것 같다.

예수님 당시 갈릴리는 이방 땅이었고 소외된 지역이었다. 예수님께서 그곳에 오셨고, 사역을 하셨다. 이방 땅, 버려진 땅을 하나님의 땅으로 회복시키셨다. 예수님은 율법을 초월하셨다. 율법에 매인 유대인들이 버렸던 땅과 버림받았던 사람들을 예수님은 복음으로 회복시키셨다.

오병이어 기념교회를 들렀다. 백향목 천장과 바실리카 양식의 기둥, 1700년 된 모자이크가 눈에 들어왔다. 교회 출입구가 불에 탔다. 누군가 불을 질렀다고 했다. '예수가 그리스도'라는 사실을 받아들이지 못하는 사람은 예나 지금이나 늘 있는 일이다. 그럼에도 불구하고 주님의 구원 역사는 오늘도 이뤄지고 있음을 믿는다.

신상수훈의 팔복교회를 들렀다. 신약성경의 이야기들이 사실로 다가왔다. 주님께서는 팔복으로 살아야 한다고 나에게 말씀하신다. "심령이 가난하고, 애통하며, 온유하여라…… 복이 있다." 더운 날씨이지만 그늘 밑은 시원했다.

갈릴리 호수에서 배를 타고 게네사렛으로 건너가는 동안 선상 주일 예배를 드렸다. 찬양과 기도, 김진산 목사님의 말씀, 담임목사님께서 축도를 하셨다. 바람이 세차게 불어 파도가 있었지만 은혜로운 예배를 드렸다.

숙소로 돌아와 저녁을 먹고 갈릴리 해변으로 나갔다. 한 발씩 물에 들어갔다. 따뜻하고 부드러운 물이었다. 깊은 곳에 가서 수영을 했다. 감개가 무량했다. 갈릴리에서 헤엄을 치다니 꿈만 같았다. 하나님의 은혜와 사랑, 교회와 성도들을 위해 주님께 감사와 간구를 드렸다.

15일 가나의 혼인잔치 교회를 들렀다. 물로 포도주를 만드신 곳을 거쳐서 예수님께서 사셨던 나사렛에 갔다. 많은 사람들이 비좁게 살고 있었다.

나사렛 맞은편에 있는 지포리라는 유적지에 갔다. 예수님께서 사역하시기 전, 목수 일을 하러 왔을 법한 마을이었다. 지포리는 한때 갈릴리의 수도였다고 한다. 나사렛은 비교적 높은 지대에 있다. 여느 중동

의 도시같이 가난하고 무질서한 가운데서도 사람들은 어제같이 오늘
도 살아가고 있었다. '하나님이 사람이 되어 사셨던' 그곳에서 사람은
살고 있었다. 인류 구원의 놀라운 역사가 이루어진 곳에서 사람들은
무심히 살아가고 있었다.

거짓 선지자들과 싸워 이겼던 엘리야 선지자의 갈멜산을 거쳐 지중
해 바닷가의 가이사랴로 갔다. 헤롯왕이 만들었다는 가이사랴에서 사
도바울처럼 로마를 향해 손을 뻗고 기념사진을 찍었다. 바람이 많이
불어 푸른 바다가 하얀 파도로 덮였다.

◆　◆　◆

드디어 예루살렘에 도착해 여장을 풀었다. 예루살렘의 지명 중 '예
루'는 여호와를 두려워하라, '살렘'은 평강이라는 뜻이 있다. 여호와를
경외하면 평강하다는 의미다. 역으로 여호와를 경외하지 않으면, 사람
과 환경을 두려워하면 평강이 없다는 뜻이기도 하다. 아침 묵상 시간,
주님께서는 로마서 6장 23절 말씀을 주셨다. "죄의 삯은 사망이요 하
나님의 은사는 그리스도 예수 우리 주 안에 있는 영생이니라." 복음의
핵심을 말씀하셨다. 하나님의 은사인 영생은 오직 예수 그리스도. 너
무나 단순하고 명확한 사실임에도 불구하고 그 사실을 마음으로 믿어
의에 이른다는 것. 그리스도를 입으로 주님이라고 시인하여 구원을 얻
는다는 것은 참 어렵다. 결국 하나님의 은혜, 성령님의 역사하심이 아
니고는 그냥 말일 따름이다. 이번 성지순례 역시 하나님의 인도하심과
역사하심이 아니고는 그냥 여행, 관광에 불과할 수도 있다는 생각이
들었다.

구약의 이스마엘과 이삭에서 비롯된 반목과 질시는 아직도 국가 간

에 사람 사이에 또 마음속에 남아 있다. 예수 그리스도의 주되심이 인정되지 않는 곳에는 언제나 미움과 시기와 다툼이 있다. 예전에도 지금도 또 내일도 그럴 것이다. 이스라엘에는 올리브나무가 많다. 올리브나무는 다윗 왕을 상징한다고 한다. 비가 오나 마르나 올리브나무는 항상 같다. 건기에는 이파리가 더욱 빛이 난다고 한다. 그것은 뿌리가 깊어서 그렇다. 우리의 인생도 뿌리가 깊어야 빛이 난다. 우리의 뿌리는 반석 되신 예수 그리스도, 생명수 되신 예수 그리스도께 있어야 한다.

18일 새벽에는 십자가의 길, 비아 돌로로사(슬픔의 길)를 걸었다. 빌라도의 법정에서 골고다 언덕까지 주님께서 십자가를 지고 가신 길 14곳에 이름을 붙여 기념하고 있었다. 주님께서 십자가형을 선고받으시고, 십자가를 지시고, 넘어지시고, 구레네 시몬이 십자가를 대신 진 곳, 주님께서 다시 넘어지신 곳, 옷을 벗기우고, 못 박히시고, 돌아가시고, 십자가에서 시체를 내리셨다는 곳. 무덤에서 장사된 곳, 그 곳곳에는 기념교회가 있었다.

새벽 일찍 나섰다. 사람들이 아직 잠들어 있을 때 우리는 예루살렘 성전을 걸었다. 예수님께서 다시 쓰러지신 곳, 주님의 손자국이 찍혀 있는 곳에서 우리는 계단에 앉았다. 조용히 찬양하고 기도를 드렸다. 주님의 길, 십자가의 길, 영광의 길…… 십자가의 길을 시작한 즈음 이희우 장로님께서 "이곳은 거룩한 곳이니 신발을 벗고 걷자"고 하셔 나도 신발을 벗고 맨발로 한 걸음씩 뒤따랐다. 마침내 예수님께서 쓰러지셨다는 곳, 일행의 끝에 앉아 걸어 올라온 계단을 뒤돌아보았다. 그때 마음속에 불현듯 '나의 지난 인생을 주님께서 십자가를 지심으로 인도하셨구나'라는 생각이 들었다. 그때 주님께서 나에게 말씀하셨다. "나는 네가 자랑스럽다. 너는 정금이다. 나의 일꾼이다." 나는 마음속으로 '주님 제가 무슨 정금이라고요?'라고 물었다. 그리고 잠시 후 든 생각. '그렇구나, 주님께서는 십자가를 지고 가시다가 쓰러지셨는데, 나는 아직 다리가 튼튼하고 건강하구나. 그래, 이제 남은 이 길은 주님의 십자가를 내가 지고 가야지.' 나는 즉시 기도했다. "주님, 이제 남은 이 길은 제가 지고 가겠습니다." 발을 닦고 신발을 도로 신었다. 비아 돌로로사의 길은 계속되었지만 이상하게도 그 뒤의 기억들은 희미하다.

주님의 죽으심, 장사됨, 또 부활하심을 기념하는 현장과 교회들에 대한 설명들이 있었지만 머릿속에 별로 남아 있지 않다. 분명한 한 가지는 "주님 이제 제가 지고 가겠습니다. 지난 세월 저의 인생을 주님께서 붙들고 오셨는데 이제부터는 주님의 마음을 헤아리며 살겠습니다"라는 기도만 생생히 기억된다. 텔아비브 공항에서 비행기를 타고 서울로 돌아왔다.

복음학교, 나의 신앙고백

이스라엘 성지순례를 마치고 2주 후 순회선교단의 '복음학교'에 아내와 함께 참석했다. 5박 6일을 오직 복음으로 꽉 채웠다. 창세기부터 요한계시록까지의 모든 것이 복음으로 설명됐다. 내가 구원받은 것, 전적인 죄인이 오직 예수 그리스도의 보혈로 새 생명을 얻은 것, 복음에는 선교의 사명이 내재되어 있다는 것을 새삼 깨닫게 되었다.

"저는 25살에 교회를 나갔습니다. 그리고 세례를 받았습니다. 예수님을 나의 주님으로, 살아계신 하나님의 아들로 고백하며, 구원의 확신도 가지고 있습니다. 성경도 열심히 읽고, 교회에서는 장로의 직분으로 섬기고 있습니다. 지난 30여 년의 공직 생활을 주님께서 신실하게 인도하셨습니다. 남이 보기에는 모범적인 교인이었습니다. 기회가 있는 대로 죄에 대해 회개하고 용서를 구했습니다. 그런데 제가 놓치고 있었던 것이 하나 있었습니다. '죄가 나'이고, '내가 죄'라는 본질적인 죄인의 문제를 해결하지 않고 죄의 열매를 해결하려는 노력이 얼마나 부질없는 짓인가를 몰랐습니다. 눈만 뜨면 생겨나는 육신의 정욕과 안목의 정욕, 이생의 자랑…… 하나님의 자리를 넘보는 교만은 끝없이 자신을 괴롭혔습니다. '복음학교'에서 깨달았습니다. 로마서 6장 6절 말씀, "옛사람이 예수와 함께 십자가에 못 박혔다"는 것입니다. 죄로 물든 병든 자아는 2000년 전 예수님께서 십자가에서 피 흘려 돌아가실 때 함께 죽었다는 사실입니다. 이제 저는 죄와 원수 마귀에게 종노릇하는 존재가 아닙니다. 완전히 새로운 피조물이 되었습니다. 누가 뭐라 해도 저는 예수님과 연합하여 그의 부활에, 그의 영광에 참여하는 사람이 되었습니다. 저에게는 더는 세상의 욕심이나 미련이 없습니다. 사람의 평판이나 세상 이야기가 저를 주장하지 못합니다. 이제는 하나님만 경외하며 살겠습니다. 주님 앞에 서는 그날까지 오직 예수 그리스도의 피 묻은 복음이 제 삶에 실제가 되도록 하겠습니다. 오직 예수 생명, 예수 영광을 위해 살겠습니다.

하나님 나라와 선교의 완성은 자신의 소원성취나 문제 해결보다 더 시급한 기도 제목인 것을 인식하며 살겠습니다. 복음에는 선교적 사명과 100퍼센트 순종이 내재되어 있다는 것을 새삼 깨달았습니다. 0.1퍼센트의 여지도 남겨놓지 않겠습니다. 혹시 넘어지는 일이 있더라도 전심으로 복음 앞에 서겠습니다. 십자가에 붙어 있겠습니다. 갈라디아서 6장 14절 말씀, "그러나 내게는 우리 주 예수 그리스도의 십자가 외에 결코 자랑할 것이 없으니……"라는 진리를 붙들고 살겠습니다. 주님 다시 오실 그날까지 남은 저의 인생 모두를 바쳐 복음을 영화롭게 하며 주님 오실 길을 예비하겠습니다. 주님께서 하십니다. 오 주님, 오시옵소서. 마라나타!"

태국 아웃리치, 신실하신 하나님

전주교도소를 나온 후 매일같이 복직을 기다렸다. 복지부에 돌아가서 인사도 제대로 못하고 헤어진 동료들을 만나고 싶었다. '건강한 국민 행복한 대한민국'을 위해 다시 일하고 싶었다. 기다리던 대법원의 판결은 2심 후, 3년 8개월이 지난 2017년 3월 30일에 내려졌다. 나는 그에 앞선 2016년 말 정년퇴직을 했다. 그 사이 주님께서는 '세상 나라'만 쫓던 나에게 '하나님 나라'를 구하라고 부르셨다. 나의 남은 인생을 선교사로 살기로 했다.

주님의 인도하심으로 W국제선교단체에 연결됐다. 그 사이에 많은 일이 있었다. 분명한 한 가지, 주님께서 나를 선교사로 부르셨고, 주님께서 이루실 것이다. 데살로니가전서 5장 24절 말씀, "너를 부르신 이는 미쁘시니 그가 또한 이루시리라." 아멘!

복음학교 이후 9월부터 13주 과정의 '복음선교관학교'를 마치고, 2016년 12월 20일부터 2017년 1월 5일까지 태국으로 아웃리치를 다녀왔다. 복음이 실제가 되는 현장으로, 홍콩을 거쳐 방콕에 갔다. 한국의 겨울과 태국의 더운 날씨는 나의 고정관념을 바꾸는 실제적 체험의 시작이었다.

　방콕에서 밤새 기차를 타고 650킬로미터 떨어진 우본에 도착했다. 윤기용 선교사님 내외가 사역하는 센터에 짐을 풀었다. 엄청난 무게의 짐을 꾸리고, 들고, 나를 때는 '못된 옛 자아'가 슬며시 나오기도 했지만, 그것이 그곳 사람들의 필요와 복음의 도구로 쓰임을 보면서 나의 생각과 현장은 다르다는 것을 깨달았다. 시사켓에서 사역하시는 김용호 선교사님께서 태국의 상황과 선교현황에 대해 안내하셨다. 복음이 들어온 지 오래됐지만, 먹고사는 데 어려움이 없다 보니까 자존심이 강하고 영적으로는 우상에 완전히 붙들려 있다는 설명이 이해가 됐다. 불교에서는 '천국' 이상의 개념이 있기에 그다지 천국복음에 대해 목말라하지 않는다는 것이었다. 그럼에도 우리는 전도지를 들고 열심히 복음을 전했다. 태국 말을 몰라도 예수의 '그 이름'이 능력임을 믿으면서 전도지를 돌렸다. 시장에서, 농촌의 집집에서, 거리에서, 가게에 들어가서도 '예수 그리스도, 우리 주님 우리 구주'라고 영어로 또는 우리말로 이야기했다. 어차피 전도지에는 예수 그리스도와 하나님의 사랑이 태국어로 적혀 있으니까 읽어보면 된다. 서울과 달리 전도지를 거부하는 사람이 거의 없었다. 주님의 역사하심이 느껴졌다. 예수 믿어야 산다고 기도하면서 전도지를 돌렸다. 태어나서 가장 많은 사람들에게, 그것도 외국인에게 복음을 전했다.

　마을 전도를 나갔을 때 할머니를 만났다. 너무 마르셨고 혼자 우두커니 앉아계신 모습에 갑자기 기도를 해주고 싶은 마음이 들었다. 이름은 문한이며 76세란다. 양해를 구하고 두 손을 잡고 소리 내어 기도드렸다. 옆에 있던 교회 학생들과 전도팀이 통역을 하고 아멘을 하라고 하니 '아멘'이라고 하셨다. 정말 그 할머니의 영혼을 주님께 부탁드리고 싶었다. 평생 '예수'의 이름을 들어본 적 없는 이들, 그렇게 사람들은 살고 있었다.

그곳에 주님은 우리를 부르셨다. '신실하신 하나님'께서 예수의 이름을 증거하시기 위해, 복음의 능력을 나타내기 위해 '주님께서' 우리를 통해 역사하셨다. 태국팀에게 주신 말씀, 데살로니가전서 5장 24절, "부르신 이가 미쁘시니 그가 또한 이루시리라." 그가 이루신다는 영어로 'He will do it'이다. 주님께서 하신다. 즉 '주하'이다. 태국팀의 팀명, '신실하신 하나님'께서 '주하'하셨다.

파란 하늘, 흰 구름, 푸른 숲, 닭과 병아리, 개와 강아지, 맛있는 쌀국수와 찰밥, 망고, 팥죽, 바비큐, 밤하늘의 쏟아지는 별……. 무엇 하나 부족함이 없는 시간이었다. 시편 23편의 "여호와는 나의 목자시니 내가 부족함이 없으리로다"가 실제가 되는 상황이었다. 신실하신 두 선교사님 내외분과 현지 사역자들, 순박한 그곳의 교인들. 하나님 나라는 주님의 이름이 있는 곳에 이미 이루어져 있었다. 불교가 아무리 뿌리 깊고 오랫동안 사람을 붙잡고 있어도 '천 년을 하루같이 하루를 천 년같이' 여기시는 만군의 주 여호와 앞에서는 불가능한 일이 없다는 믿음이 생겼다.

2017년 1월 1일 주일, 칸타나롬교회 성전 바닥에서 자고 새벽에 깼다. 나는 이제부터 민간인이다. 30여 년의 공직을 벗었다. 자유다. 주님께서 나의 정년퇴임과 새 출발을 축하해주셨다. 온 하늘에 꽉 찬 별, 창세기 1장 16절 말씀. 또 별들을 만드시고(He also made the stars)가 실제가 되었다. 나를 위해, 주님께서 하셨다. "주님의 선하심과 신실하심 앞에서 저는 몸 둘 바를 모르겠습니다. 주님, 왜 저를 그렇게 사랑하십니까."

1월 2일, 라오스에 갔다. 그곳에도 교회가 있고, 사람들이 살고 있었다. 사회주의 국가의 가난은 심각해보였다. 중앙선이 없는 도로와 길에 다니는 소와 염소가 생경했다. 그곳에는 400~500명의 성도가 있었다. 마을 전체가 교인이라고 했다. 하나님의 역사하심은 놀라웠다. 곳곳에 있는 교회들은 오래 전 미국선교사가, 오늘날은 한국교회가 지원하여 세워졌다. 심지어 소록도의 신자들이 지은 암낫교회도 있었다. 그 교회의 포사이 목사님의 간증 또한 하나님의 선하심과 신실하심을 증거했다.

1월 3일, 태국의 마지막 밤. 주님께서는 윤 선교사님을 통해 부흥회를 여셨다. 특히 마태복음 5~7장의 말씀은 나를 위해 준비하셨다고 느껴질 정도로 은혜가 됐다. 할렐루야! 아침 묵상 중 주신 말씀, 전도서 12장 13~14절 말씀, 결론은 "하나님을 경외하고 그의 명령을 지켜라. 하나님이 심판하신다"였다. 지난 밤 윤 선교사님의 메시지와 동일했다. 태국에서 주님께서는 나에게 개인적으로 말씀하셨다. "알았제?" 나는 대답했다. "알았습니다." 나는 이제 주님의 부름에 순종하며 살겠다. 마라나타!

선교사 훈련을 마치며

호주에서 1년의 선교훈련과 3개월의 후보자 영입훈련을 마치는 수료식에서 나는 수료 소감을 다음의 기도로 대신했다.

하나님 아버지, 저 아시지요. 노길상.

주님의 손에 이끌려 여기까지 왔습니다. 이제 W 선교사가 되기 위한, 마지막 관문인 영입훈련의 수료식입니다. 세상과 교회에서 듣지 못했던, 주님의 가르침을 많이 들었습니다. 아니, 제가 미련해 여러 번 말씀하셨으나, 알아듣지 못했던 주님의 마음을 조금이나마 깨닫게 하시니 감사합니다.

선천적 죄인, 저에게도 거룩하게 살 수 있는 주님의 성품을 이미 주셨다는 것과, 주님의 구원과 주님의 나라는 반드시 이 땅에 이루어진다는 사실을 선배 선교사님의 강의와 간증, 토의와 실습을 통해 믿고 알게 하시니 감사드립니다.

태초부터 선교를 계획하셨던 하나님 아버지! 이번 훈련을 통해 저는 두 가지를 확인했습니다. 우선, 저는 선교사로 부적합한 사람이라는 것과 또 하나는 주님께서 오래 전부터 저를 선교사로 준비시키셨다는 것입니다. 한 가지 분명한 것은, 저를 위해 십자가에서 처참히 돌아가시고 다시 사신 예수 그리스도가 저를 이곳으로 부르셨다는 것입니다.

아버지 하나님! 저는 군대에 다시 입대하는 기분입니다. 그때와 다른 것은 주님께서 저와 함께 가신다는 것입니다. 이미 그곳에서 일하고 계시면서, 제가 오기를 기다리고 계신 주님. 이제 갑니다. 주님 사랑하시는 노길상이 모든 것 내려놓고 오직 주님의 거룩한 이름, 영광스러운 이름, 예수 그리스도! W 국제선교회의 자랑스러운 선배 C.T. 스터드와 많은 선교사님들이 목메어 불렀던 그 이름, 예수님만 붙잡고 가겠습니다.

하나님 아버지! 저의 이 고백이 주님 앞에 서는 그날까지 변치 않도록 저를 불쌍히 여겨주십시오. 저의 연약함과 믿음 없음에도 믿고 불러주신 주님, 감사합니다. 돌아서지 않겠습니다. 주님 다시 오실 때까지, 기뻐하며 순종하겠습니다. 주님만 따르겠습니다. 주님! 사랑합니다. 우리 모두의 주님이시며, 선교의 본을 보이신 예수님 이름 받들어 기도드립니다. 아멘!

/나/오/며/

　사랑하는 나의 손주에게 —. 사랑하는 나의 손자 손녀야. 할아버지
가 교도소에 갔다 왔다는 말에 많이 놀랬제? 나도 놀랬다. 내 인생에
이런 일이 있다니. 그래서 하나님께서는 사람의 일을 감추어 두시는가
보다. 만약 이런 일이 있을 줄 알았다면, 진즉에 공직을 떠났거나 아주
소극적이고 매사에 규정만 따지는 공무원이 되었을 거라는 생각을 해
본다. 지난 1월 1심에서 무죄를 받고, 그날 서울로 올라왔다면, 지난 6
개월 동안 전주에서 누렸던 '하나님의 사랑과 은혜'를 몰랐을 것이고,
인생의 말년에 삶을 되돌아보고 정비하는 기회를 놓쳤을 것이다. 그런
점에서 정말 감사하다. 나 때문에 많은 사람들이 마음 졸이고 고생했
지만, 앞으로의 나의 삶을 통해 하나님은 정말 살아계시고 복 주시는
분이시며 사랑 그 자체시라는 것을 알게 될 것을 믿는다.

　야고보서 5장 11절은 이렇게 고백한다. "보라 인내하는 자를 우리
가 복되다 하나니 너희가 욥의 인내를 들었고 주께서 주신 결말을 보았
거니와 주는 가장 자비하시고 긍휼히 여기시는 이시니라." 우리의 삶
은 하나님의 사랑과 그리스도의 인내에 바탕을 두고 그것을 이루어가
는 것이다. 인생이 이 땅에서 끝나는 것이 아니기에 그렇다. 하늘나라
를 소망하는 우리는 이 땅에 살지만, 영원한 소망 그곳을 잊어서는 안
된다.

　되도록이면, 하나님께서 베푸신 은혜를 가감 없이 쓰려고 했다. 주

나오며　**285**

님께서 하신 말씀과 나의 반응을 솔직히 있는 그대로 썼다. 해석하지 않으려고 했다. 본래의 의도가 얼마나 이루어졌는지는 모르겠다. 여기서 쓰지 않은 꿈 이야기나 성경의 말씀들은 직접 들려주고 싶구나. 너희 아빠는 잘 아는데 너희 엄마는 아직 누군지 모르겠다. 너는 아직 태어나지 않았고. 하지만, 나는 너를 만나서 본 것처럼 반갑고 기쁘다. 또 눈물이 나려고 하는구나. 참는다. 네가 할아버지 별명을 울보라고 지을까 걱정이다. 나는 용감하게 살았다. 너희 아빠와 할머니가 자주 이야기하지, 할아버지와의 삶은 '어드벤처' 그 자체였다고. 너희 아빠는 전주교도소에 면회를 왔었고, 2심의 결심 공판에는 법정에 형제가 나란히 왔었다. 그때의 이야기를 네 아빠에게 직접 듣기를 바란다.

마지막으로 전주를 떠나오기 전에 하나님께서 할아버지에게 물으셨다. "뭐 해줄꼬?" 나는 서슴없이 답했지. "지금처럼 이렇게 저하고 계시면 됩니다." 그러고 보니 예수님께서 태어나실 때 이미 정해져 있었다. '임마누엘'이라고. 알제 그 뜻? '하나님께서 함께하신다.' 하나님은 우리와 언제 어디서나 늘 함께 계시는데 우리의 심령이 어두워 그것을 알지 못하는 것이다. 나는 너에게 부탁한다. 언제나 어디서나, 이 할아버지가 지난 6개월간 전주에서 만났던 그 하나님을, 사랑의 하나님을 "진짜 아버지, 참 좋으신 아빠"로 모시고 살기를 바란다.

집으로 돌아온 지 어느덧 석 달이 되었다. 많이 게을러졌다. 영적으로도 둔감해지고. 어느 날 할머니가 이야기했다. '교도소의 영성'을 회복해달라고 기도하고 있다고. 그런데 영성은 고사하고 '교도소의 죄성'이 먼저 나온다고. 서로 마주보고 웃었지만 맞는 이야기다. 인간의 죄 된 본성은 끝이 없다. 한순간이라도 하나님께 붙어 있지 않으면, 사람일 수 없는 존재라는 것을 다시 깨닫는다.

주님께서는 나에게 전주를 잊지는 마라, 그렇다고 거기에 머물지도 말라고 하셨다. 앞으로 나아가라고 말씀하셨다. '전주 491번'을 기억하며 겸손히 살라고 하셨다. 하나님과 사람 앞에 늘 겸손하라고 말씀하셨다. 미가서 6장 8절의 말씀을 주셨다. "여호와께서 네게 구하시는 것은 오직 정의를 행하며 인자를 사랑하며 겸손하게 네 하나님과 함께 행하는 것이 아니냐." 이 할아버지는 너를 위해 간절히 기도한다. "하나님, 제 손주가 미가서의 이 말씀을 붙잡고 하나님과 사람 앞에서 사랑으로 역사하는 믿음을 이루며 살도록 복 내려주십시오. 만복을 부어주십시오. 주님의 그 복을 누리며 나누며 살게 하십시오. 주님의 영광을 위하여!" 아멘!

방장의 **노래**

1판 1쇄 인쇄 2019년 1월 24일
1판 1쇄 발행 2019년 1월 30일
    2쇄 발행   2월 15일
    3쇄 발행 2020년 8월 24일
    4쇄 발행 2024년 7월 4일

지 은 이 노길상
펴 낸 곳 코람데오
등 록 제300-2009-169호
주 소 서울시 종로구 세종대로 23길 54, 1006호
전 화 02)2264-3650, 010-5415-3650
           FAX. 02)2264-3652
E-mail soho3650@naver.com

ISBN | 978-89-97456-69-7 03230

값 13,000원